VERS LA VIOLENCE

Révélation de la rentrée littéraire d'hiver 2017 avec *L'Abandon des prétentions*, Blandine Rinkel a également publié chez Fayard *Le Nom secret des choses*. Qualifiée d'«artiste totale» par *Télérama*, elle est aussi musicienne. *Vers la violence* a obtenu le Grand Prix des lectrices *Elle*.

Paru au Livre de Poche :

L'Abandon des prétentions
Le Nom secret des choses

BLANDINE RINKEL

Vers la violence

ROMAN

FAYARD

ISBN : 978-2-253-24445-5 – 1re publication LGF

À l'aube de la Seconde Guerre mondiale, le loup avait tout à fait disparu de France. À partir de 1937, on n'en trouvait plus un seul dans le pays. «En tant qu'espèce à population reproductrice identifiée, le loup est désormais éradiqué du territoire», affirmait l'Office national de la chasse et de la faune sauvage (ONCFS). Pourtant, une semaine après Noël, en 1954, un animal mettait en émoi tout le Bas-Dauphiné. Entre Bourgoin et Morestel, on commençait à retrouver des chiens à demi dévorés. Les jours passèrent, les ravages se répétèrent et les traces s'accumulèrent. Le loup de Sermérieu était de retour.

D'où venait-il? Comment avait-il fait pour survivre aux brûleurs de loups, tels qu'on appelait alors les habitant du Vasselin pour saluer les fosses qu'ils creusaient afin de piéger les loups, ensuite brûlés vifs dans une terre qui les voyait agoniser? Et comment survivait-il, désormais, seul?

En dépit des idées reçues, les loups solitaires sont rares. S'ils existent, c'est d'avoir été chassés de la meute après un conflit dont ils sont sortis affaiblis, blessés, sanglants. S'ils existent, c'est d'être prêts à affronter la

9

fin. Ou bien, c'est d'être demeurés inconsolables après avoir perdu une compagne ou des louveteaux. De s'être isolés, volontairement, au risque de la vulnérabilité. Le loup de Sermérieu s'était-il ainsi mis en danger ? Chassé des Carpates par un hiver rigoureux, avait-il, comme on le croit, trouvé dans la région de la Drôme un ultime refuge, se nourrissant, dans la forêt, de gibier trouvé au hasard ?

Dix-huit ans après la disparition supposée de Canis lupus, en tout cas, la neige fut tachée de sang. Et bientôt, en réaction, la traque du nouveau loup de Sermérieu orchestrée.

Le 12 janvier 1954, quarante chasseurs s'élancèrent pour sept heures de battue et finirent par abattre la bête au bas de la côte du Turc, à Vignieu – où sa dépouille est toujours exposée en mairie aujourd'hui.

Le 12 janvier 1954, le premier loup d'après-guerre entrait dans la légende.

Le même jour, Gérard naissait.

I. LA SENSATION DU COUTEAU (2000)

« Ce qu'il y a de terrible, sur cette terre, c'est que tout le monde a ses raisons. »

Jean RENOIR, *La Règle du jeu*

1

Il me tient par le menton et j'ai peur de mourir.

Gérard a posé son pouce sur ma mandibule, son index et la tranche de son majeur dans le creux de ma gorge. Il tient mon os avec trois doigts robustes quand, en retour, j'ai apposé ma main contre sa mâchoire carrée, la serrant de toutes mes forces pour qu'elle ne m'échappe jamais. Dans un western familial improvisé, nous nous tenons face à face, assis à la table de la cuisine, à explorer le noir commun de nos yeux.

Et si nos regards se sourient, le bas de notre visage, lui, ne cille pas.

Nous venons de manger ensemble, tu me tiens, je te tiens, nous avons chanté la chanson et le premier de nous deux qui rira sait à quoi s'attendre. La dernière phrase de la comptine, pourtant, me fait frémir. C'est que, de Gérard, je n'imagine pas la possibilité de tapettes, mais seulement de tapes, viriles et vraies, de celles que je l'ai vu administrer à Ardent, notre chien, et l'idée qu'il puisse m'en mettre une me glace et me défie. Au fond du regard de cet homme, je décèle de la tendresse, mais, d'instinct, je sais que celle-ci ne protège de rien. Il me faut donc apprendre le sérieux :

respecter les règles est ma seule chance de l'emporter, alors je me concentre du plus fort que je peux ; sous la table, je contracte mon petit poing resté libre, et malgré les grimaces irrésistibles de mon père, malgré l'humour dans ses yeux et ses parades de déconcentration, oui, malgré ses efforts pour m'amadouer, la peur m'apprend à ne pas flancher.

Plus tard, je saurai du jeu de la barbichette qu'il est une variante du pince-sans-rire, consistant à l'origine, pour un joueur, à subir des pincements sur tout le visage par des doigts enduits de cendre – la dérive d'un jeu d'humiliation. Plus tard, je ne craindrai pas qu'on m'abaisse et j'excellerai à toutes les activités reposant sur un impératif de concentration. Plus tard, on dira de moi que je suis une terrible pince-sans-rire, une joueuse de poker spartiate et une infatigable travailleuse. Adulte, je tirerai de ces jeux d'enfants ma fièvre et mon parti, mais pour le moment, le premier de nous deux aura une tapette, alors j'essaye de ne pas être celle qui rira : je fixe Gérard avec toute l'intensité dont une fillette de six ans est capable et, en secret oui en un terrible secret, je souhaite sa perte.

2

Petite, j'étais amoureuse de mon père ; insister sur cette phrase, lui redonner lumière et gravité. Dès quatre ou cinq ans, je voulais épouser Gérard, persuadée qu'il irait bien mieux avec moi qu'avec Annie, ma mère, qu'instinctivement je trouvais mal assortie à lui, petite et peureuse quand il était grand et vaillant. Ce mariage, Gérard m'avait promis que nous pourrions le célébrer quand j'aurais l'âge légal. Notre différence de trente-huit ans n'était pas plus un obstacle que notre lien filial. À l'entendre, il n'y aurait aucun problème. Je peux aujourd'hui en rendre compte : Gérard, mûr et expérimenté dans la vie d'homme et de père, était tout à fait favorable à ma demande. Sans ambiguïté, il m'avait dit oui. Il m'avait promis. Mais quand nous serions adultes tous les deux, seulement à ce moment-là. À ça il tenait : seuls les adultes consentants peuvent s'épouser. C'est donc en toute chasteté que nous vivions sous le même toit (et sous le regard de ma mère, que cela faisait rire), dans l'attente de notre union à venir. Un jour, nous partirions ensemble, nous nous émanciperions du foyer et irions conquérir le monde.

Gérard, de son côté, avait commencé à explorer. Il m'avait dit je prends de l'avance : tu me rejoindras dès que tu le pourras. Il partait en éclaireur, pour notre vie d'après.

De fait, il était policier en Vendée huit mois par an et formateur dans les DOM-TOM les quatre autres. C'était un père absent, qui multipliait les voyages et les rencontres pour notre vie future. Deux mois en Guadeloupe quand j'avais trois ans, un mois en Guyane l'année suivante, puis des semaines à Mayotte, à Saint-Martin, en Polynésie française. Cela variait, tournait, il faisait des boucles, repassant aux mêmes endroits. Durant chacune de ses escapades, mon amour pour lui avait le temps de se préciser et de se cristalliser. À partir des bribes d'information que me donnait ma mère sur son métier et des mensonges magnifiques qu'il me rapportait, j'imaginais sa vie. Une vie faite de dangers, de courses-poursuites infernales, de repas hilares au soleil couchant, d'alcools orange fluorescent et de rendez-vous avec tous les plus grands de ce monde. Pendant ses absences, je l'attendais en fantasmant ses exploits.

Avec lui, les plus beaux de mes souvenirs sont bleus. C'était la tasse brûlante, la tartine chaude et coulante de beurre qui réconforte après la natation, les yeux rougis par le chlore en hiver, les cheveux qui, littéralement, gelaient au sortir de la piscine, si bien que, passant sa main sur sa tête, on pouvait récupérer un petit copeau d'eau glacée. L'été, c'étaient les combats que nous menions contre les vagues les plus athlétiques et inquiétantes de la côte, ces vagues qui d'ailleurs n'en étaient pas, qui étaient plutôt des projectiles envoyés par Amphitrite, déesse des Océans, et par ses sbires, les poissons-loups.

— Tu sais que nous sommes sur écoute, ici ? demandait Gérard chaque fois que nous nous retrouvions seuls dans l'eau, la nuque tout juste mouillée pour éviter l'hydrocution.

— Oui, je sais, il faut faire attention, répondais-je, grave.

— Attention à ce que tu pourrais dire contre l'océan. Pourquoi déjà ?

— ... Tout ce que je dirai pourra être retenu contre moi.

— Exactement. Tu ne parles qu'en présence de ton avocat.

Et Gérard, alors plus enfant que moi, souriait. Il avait le sourire carnassier : non seulement, au détour d'une blague, découvrait-il l'étendue de ses trente-deux dents, mais toute l'étendue de ses gencives rougies, toute la circonférence de sa mâchoire y passait. Il avait le sourire d'un cheval sauvage. Une bonhomie communicative, que j'adorais retrouver.

Agité, l'océan Atlantique qui bordait notre commune était surtout sale. On y trouvait des mégots de cigarette, des emballages plastique de gâteaux divers – parfois même une seringue. Comment une ville par ailleurs si peu habitée pouvait-elle sécréter tant de déchets ? La crasse tenait aux yeux de mes parents du miracle, *c'est pas possible, les gens se donnent rendez-vous pour saloper la plage ou quoi ?* Quand il était triste, Gérard se désolait de cette saleté avec un râle dans la voix qu'il n'avait pas d'ordinaire, gueulant contre les connards qui se croyaient tout permis, arguant que *personne ne pourrait jamais nettoyer la mer*. L'état des côtes le déprimait, mais, finissait-il, tant qu'on arrivait encore à capter les missives du monde marin, c'est que tout n'était pas perdu.

— Attention, soldat, je viens de recevoir un mot d'Amphitrite ! me disait-il dans l'eau, tenant dans sa main une algue attrapée à la surface.

— Qu'est-ce que ça dit, qu'est-ce que ça dit ? demandais-je, trépignant.

— Ça dit que… C'est difficile à lire, je ne sais pas si je vais y arriver…

Gérard plissait les yeux, le regard tout à l'étude du spécimen marin et marron, une grosse algue faite de centaines de branches ramifiées, pareille à un albizzia miniature, un arbre aplati et mou.

— Je crois que ce n'est pas un message d'Amphitrite, nuançait mon père.

— Mais de qui alors ?

Et, impatiente, je tapotais la surface de l'eau de ma main, créant des clapotis nerveux.

— C'est un message anonyme pour nous prévenir qu'Amphitrite nous envoie plusieurs projectiles dessus, apparemment elle est très bien armée aujourd'hui, il va falloir retenir sa respiration… Tu es prêt, soldat ?

Solennelle, je faisais signe que oui.

— Attention, ÇA ARRIVE ! criait soudain Gérard, le corps à moitié dans l'eau, torse bombé vers l'horizon.

Il désignait alors du doigt la vague immense qui se ruait sur nous comme un cheval piqué par une abeille et, avant qu'elle ne nous engloutisse, il avait le temps de compter. «3, 2, 1... ON Y VA!» Nous plongions dans l'eau à la verticale, tête la première, le pouce et l'index pinçant notre nez pour éviter de boire la tasse, les paupières contractées, tous les muscles tendus, concentrés, pour que rien de cet ennemi envoyé par la déesse ne puisse pénétrer en nous. Nous, les résistants, les vaillants et les aventureux : nous, la fille et son père.

Parfois, je ressortais des vagues la tête flageolante, mes doigts avaient cédé à la pression, j'avais pris de l'eau dans les narines et c'était comme si elle inondait mon esprit, mais je me gardais bien de le signaler au lieutenant. Il fallait maintenir l'allure.

— Tout va bien, moussaillon ?

— Cinq sur cinq ! répondais-je, dessinant un «O» en arrondissant tous les doigts de ma main contre la phalange de mon pouce, comme me l'avait appris mon père («Sous l'eau, si tu fais un pouce en l'air, on croira que tu veux remonter, pas que ça va, tu comprends ?»).

— Prêt à partir en guerre contre Amphitrite ?

— Plus que jamais.

— Tu continueras quand je ne serai plus là, hein, moussaillon ? C'est la guerre d'une vie !

— Je continuerai toujours, assurais-je, et nous nous engagions dans un concours de brasse coulée visant à prendre d'assaut la bouée jaune qui, au loin, marquait le début du territoire de l'épouse de Poséidon.

Parfois les courants, trop forts, finissaient par nous décourager et Gérard admettait que la mère des phoques et des dauphins avait gagné une bataille («mais pas la guerre!»). D'autres fois, nous atteignions notre objectif et mon père, dont les muscles étaient plus aguerris que ceux de sa fille, touchait la pyramide fluorescente en premier, puis m'attendait, la main sur son trophée – un trophée assailli de tous bords par des algues verdâtres, des coquillages, des balanes et des milliers de bactéries aquatiques, mais tout de même un trophée, une capture importante, essentielle même : la balise du territoire des dieux.

— Tu sais ce qui va arriver, si on s'avance encore dans leur empire ? demandait le père.

— Il va y avoir les sirènes ? tentais-je, me souvenant de la leçon.

— Non seulement il va y avoir les sirènes, mais il y aura peut-être même les dauphins. Tu sais qu'Amphitrite, fille de Nérée, est la déesse des Monstres marins…

— Alors il y aura aussi les monstres !

Et j'agrippais alors de mes deux bras la bouée jaune pour reprendre ma respiration.

— C'est le problème. Il y aura les dauphins, mais il y aura aussi les monstres, et je ne sais pas si tu es capable d'affronter les monstres…

L'expression de Gérard était alors teintée de rires et de regrets – et je me désolais d'être encore trop jeune pour assurer à mon père combien j'étais capable d'affronter les créatures des abysses et d'ailleurs. À quoi pouvaient-elles bien ressembler ? Je me figurais des hippocampes à dents de hyène, des méduses acides et des crabes gigantesques, des créatures carnivores que, dans mon for intérieur, je ne me sentais pas tout à fait de combattre là, à moitié étourdie par toute la natation qu'il avait fallu enchaîner pour parvenir à l'entrée du territoire des dieux.

De fait, nous ne les affrontions jamais. Après avoir repris notre souffle auprès du plastique jaune, nous regagnions la côte, nous promettant que la prochaine fois – il y aurait, c'était sûr, toujours une prochaine fois – nous irions explorer le monde au-delà des balises.

Des mondes imaginaires comme celui-ci, mon père et moi en partagions une dizaine. Dans le tiroir de la cuisine, une collection de vignettes de bière faisait de nous des cavistes du dimanche, détenteurs d'un coin bouchonnerie où troquer le meilleur liège de la région, quand un morceau de tapisserie arraché dans le salon, semblable à un visage de femme, avait fait émerger le personnage d'Anne Franche, vétérinaire sévère mais juste dont Gérard me contait régulièrement les déboires professionnels. Il y avait aussi Pluie, un cheval méphistophélique que je n'avais jamais vu, mais dont mon père me racontait qu'il parcourait les rues la nuit, avalait les pigeons et attaquait des chiens, un cheval que Gérard rendait responsable, au petit matin, des poubelles renversées et des arbres déracinés. Cette prolifération de légendes exaltait notre vie.

Mais il y avait autre chose : avec toutes ces histoires, discrètement, s'était mis en place ce qu'on pourrait décrire comme un *pacte d'imaginaires*. Gérard et moi nous étions associés dans diverses missions invisibles et infinies, infinies parce que invisibles, et à partir de ce duo dans l'action, comme deux espions développent une complicité tenace à prendre des risques ensemble, une indestructible alliance s'était tissée. Il y avait désormais entre nous ce *lien de la mer*, qui maintient l'union des cœurs pendant les longues périodes de séparation.

À force de prendre part aux histoires de Gérard, je m'étais secrètement engagée à les protéger toute ma vie. Membre d'une DGSI minuscule, je défendrais pour toujours les intérêts du gouvernement. C'était une de ces loyautés tacites, les plus solides, qui naissent pendant l'enfance et dont on ne se défait jamais tout à fait.

Une loyauté qui peut expliquer qu'aujourd'hui encore, en dépit de tout ce que je sais et de tout ce que j'ignore sur lui, je suis incapable d'en vouloir à mon père.

3

C'est humiliant d'aimer quelqu'un qui vous a abandonné. De ne pas pouvoir vous empêcher de continuer à l'aimer. C'est dégradant, et c'est sans doute pour cela que je me refusais à écrire ces lignes. Il fallait d'abord qu'il ait disparu de ma vie.

Annie est pire que moi sur ce point. Elle voue un culte à Gérard en dépit de ce qu'elle appelle leur «incompatibilité domestique». Il y a, dans son admiration, une part non négligeable d'excitation pour l'uniforme. Annie, petite-bourgeoise aux parents tout à gauche, semble avoir éprouvé une sensation de subversion – un moment punk – à se marier avec un flic. Ex-militaire qui plus est. Un type qui en avait vu de toutes les couleurs, un mec un vrai, comme on disait avant Me Too, un homme doté de cicatrices et de deuil. Un gars du Sud, quand elle venait d'Amiens, au climat humide et calme, à la grisaille pour seul ciel. Un sanguin, Gérard. Et un sanguin sympathique avec ça. À la Conrad, qui savait raconter les histoires pour en avoir vécu.

— Gérard est le meilleur conteur de la ville, sans doute de la région, avait l'habitude de dire ma mère en riant quand un ami de la famille s'étonnait du temps que nous passions ensemble, mon père et moi, à nous raconter des choses sans l'intermédiaire de jouets, de cartes ni de jeux vidéo, tout nous apparaissant bien en deçà de ce que peuvent les mots.

— Peut-être même le meilleur conteur du pays, insistait-elle avec un clin d'œil.

— Le sorcier de l'univers !

Je riais alors, fière de ma formule, gigotant sur ma chaise comme un cabri empêché.

«Le sorcier de l'univers» : c'est comme ça qu'une bonne partie de mon enfance j'avais appelé mon père. Le sorcier de l'univers était celui qui tenait une boutique de bouchons dans un des tiroirs de la cuisine, c'était celui qui racontait les allées et venues des sorcières parmi les voitures dans les embouteillages et celui qui savait déchiffrer les messages d'Amphitrite.

Gérard m'impressionnait parce qu'il avait connu des créatures d'un autre monde, dont il me racontait les aventures chaque soir avec exactitude et sérieux. Cela faisait sourire ma mère et l'attendrissait, cette gravité maligne et sincère, car Annie savait bien que, si Gérard racontait ses histoires avec une telle conviction, c'est qu'une partie de lui y croyait vraiment. Une partie de lui avait *besoin* d'y croire. Une part de lui, la meilleure peut-être, n'existait en réalité plus que pour, et par, les rêves. À la suite d'un accident, Gérard avait comme changé d'espèce, il avait *muté*. Sans aller jusqu'à dire qu'il était un mort-vivant, il n'était plus tout à fait un homme comme les autres. Il était devenu quelque chose comme un homme-fiction et rabâchait sans cesse cette phrase d'Einstein, qui était sa morale guerrière : *L'imagination est plus importante que le savoir.*

À ma manière d'enfant, j'avais raison : Gérard s'était métamorphosé en sorcier.

La moustache y était pour beaucoup. Il y avait quelque chose d'irréel dans cette gigantesque effusion de poils qu'il arborait depuis l'anniversaire de ses trente ans. C'était une moustache étonnante, aux extrémités frisées et tachetées de blanc, une moustache de psychopathe amusant, qu'il triturait abondamment quand il me racontait des histoires, comme s'il puisait en elle son inspiration. En elle et en son épouse, du moins les premiers temps.

*

Gérard Meynier et Annie Mercier m'ont eue en 1992. Je suis la raison pour laquelle ils sont restés ensemble après, pendant plus de quinze ans. Leur prétexte.

Je m'appelle Lou, choix de mon père, validé par ma mère, Lou, pour l'ailleurs, la forêt et les mammifères, Lou, pour que le fait d'avoir un enfant ne soit pas une banalité sociale de plus. Prénom qui, sur moi, sonne comme une ironie puisque – comme ma mère – je suis brune et courte sur pattes, aux yeux d'un noir que certains hommes m'ont dit vertigineux. Souple à force d'exercices, je reste très blanche et la seule trace de grand air que je porte est un grain de beauté gigantesque, pareil à un grain de café, sur mon lobe droit. Mon prénom m'a longtemps, enfant, semblé un malentendu terrible avec le monde. Un quiproquo initial.

La vie des Meynier fut ainsi bâtie d'un tas de mal-donnes. Le couple de mes parents s'était formé, dès l'origine, sur une erreur – ce qu'on pouvait deviner à les observer de loin. D'apparence, ils étaient aux anti-podes : elle petite poire orange, lui grand rhinocéros brun. Elle malicieuse, riante et trouillarde. Lui impo-sant, moqueur et viril. C'était un de ces couples qu'on montre discrètement du doigt dans la rue, s'imagi-nant que, pour rester ensemble en dépit de leurs dif-férences notoires, ils doivent s'aimer très fort. Je ne sais pas si c'était le cas. Peut-être étaient-ils surtout amoureux de l'étrangeté de leur union.

Selon la légende familiale, Gérard avait abordé Annie pour lui demander l'heure, et elle en avait déduit qu'il s'agissait là d'un homme prévenant. Pre-mière image qu'elle s'était faite de lui. Ça et puis la malice de sa moustache gigantesque. Elle lui avait demandé, pour la conversation, où était passée sa montre. Et sans hésiter, il avait soulevé sa chemise et tendu son poignet – autour duquel sa Swatch brillait. Parfait état de marche. Annie, faussement scandalisée, avait néanmoins ri, flattée de découvrir qu'il ne s'agis-sait que d'une combine de drague. Charmée de voir qu'à quarante ans elle plaisait toujours. Lui aussi avait ri, de ce rire bruyant qui était sa marque de fabrique d'ogre. Puis, brutalement, il avait demandé s'il pou-vait prendre son numéro. Ils s'étaient revus. Elle avait découvert qu'il était flic et savait monter à cheval. Il avait surpris sa patience avec les enfants, cette dou-ceur qui la débordait de partout. Ils s'étaient décou-vert un sens de l'humour en commun. Un goût pour le sexe et la fantaisie.

Ils m'avaient eue sans même y penser.

Que ma mère tombe enceinte tenait du miracle. Après un grave accident, Gérard avait été déclaré stérile, et Annie avait quant à elle abandonné l'idée d'un jour devenir mère. Enfanter n'était plus dans leurs projets et c'est pour ça qu'ils avaient, comme le dirait plus tard Annie en riant, «consommé à risque». La vie leur tombait dessus sans prévenir.

— C'était si inattendu que j'étais persuadée qu'un malheur nous attendait à ta naissance, me confierait plus tard Annie.

— Un malheur?

— J'avais vraiment peur que tu sois moche.

Elle aimait à raconter les premières semaines après la naissance : le pull cousu par la mère de Gérard, les petites bontés de voisins, le mobile astronomique accroché au-dessus du berceau. Elle aimait à se remémorer les chansons italiennes qu'elle écoutait alors, ce tourne-disque qui faisait des bruits de friture, les glaces pistache qu'elle s'enfilait en me surveillant du coin de l'œil, heureuse, enfin épanouie dans cette vie qui, si longtemps, n'avait pas été tout à fait la sienne. Institutrice, elle avait trop longtemps appris aux enfants des autres la vie sans pouvoir, le soir venu, se serrer fort contre leur cou, leur tendre un grand hippopotame violet. Elle avait tant attendu, si longtemps pensé que cela ne viendrait jamais – jamais le bon type, que des vauriens, des voyous, des déconvenues. Jamais l'amour, et elle avait fini par s'en faire une raison. Quand soudain Gérard et, sans crier gare, un enfant à quarante ans. Qui l'aurait cru? Elle aimait à rappeler qu'en devenant mère elle avait épousé son destin. Elle était, tout simplement, *faite pour ça*.

— Et papa ? avais-je un jour demandé.

— Oh, il était heureux lui aussi, mais c'est un peu différent. Tu sais, il y avait eu un avant.

De cet avant, nous ne parlions jamais.

4

Nous parlions : de la chasse aux champignons, des loups solitaires, des nœuds coulants et en queue de cochon, de l'influence des signes astrologiques sur le caractère, de la collection des petits soldats de plomb de Gérard, de la manière qu'avait Ardent de bâiller quand il était gêné, des stratégies pour coincer les dieux dans les océans, de l'allure des bateaux, de l'amour, de l'avenir, de l'importance de savoir garder des secrets.

Gérard m'entretenait aussi beaucoup à propos du monde, dont il semblait tout connaître. Avant l'heure, ce policier maîtrisait l'art des *fake news* comme personne : sur l'Orient ancien ou sur la Constitution israélienne, il savait approximativement tout. Du moins il sut, pendant un temps. Hélas, l'arrivée dans nos vies d'Internet et, quelques années après, des smartphones mit fin à sa sensation de toute-puissance. Et rien ne fut sans doute plus douloureux pour lui, dans les années 2000, que de voir son interlocuteur dégainer un Android pour *fact-checker* ses allégations sur Wikipédia. Il devait alors se sentir en danger, animal qui se recroqueville de percevoir une menace confuse.

Il était né en 1954, un *baby-boomer* qui avait cru à l'éternité de son pouvoir d'achat, avait caressé des rêves de carrière, profité d'un ascenseur social alors encore fonctionnel et, jusqu'à un certain temps, avait cru en la règle des 4 P : Paix, Prospérité, Plein-emploi, Progrès. Selon la théorie de William Strauss et Neil Howe, la génération des *boomers* occidentaux serait composée en grande partie d'idéalistes et d'égocentriques. Gérard était assurément l'un et l'autre. Il estimait que tout ce qui lui était arrivé dans la vie était dû à son mérite. Rappelait ses exploits. Proclamait ses désirs comme des dus. Se foutait pas mal des autres, de la planète. Se foutait pas mal de l'après, de l'avant. La réalité n'était pas un sujet qui lui tenait à cœur.

Homme sans passé ni futur, il était là, irradiant, et sa présence suffisait.

Pourtant, quand je me refais le film aujourd'hui, je vois moins en lui un hédoniste qu'un homme que je ne connais pas : un homme plus vieux que les années qu'il a traversées et plus vaste que les kilomètres qu'il a parcourus, un homme plus grave que ses deuils et plus solaire que ses élans. Il y a en Gérard un innocent et un meurtrier : un monstre à deux têtes que je devine sans jamais avoir pu y toucher. Et de cet homme dans l'homme, les seules traces dont je dispose sont ses mensonges, puisque tous ceux qui l'ont fréquenté le savent : Gérard raconte, affabule, invente, transforme. Il ment. Vous dit qu'il a travaillé comme espion quand il s'est contenté de passer un appel masqué. Affirme agir pour le compte de l'ONU quand il a seulement foulé le parvis des

Nations unies. Assure que l'hôtesse du Hilton le harcèle quand elle ne fait que le saluer. Il laisse entendre, enfin et surtout, qu'il a tué des gens. De sang-froid, plusieurs personnes. Il laisse entendre qu'il est un meurtrier en cavale et, sur ça comme sur le reste, on a du mal à le croire. Mais les affabulateurs professionnels connaissent cette règle élémentaire : si les mensonges sont des édifices complexes, c'est d'avoir des vérités pour fondation.

Et puis il était flic. Son métier n'avait de réalité, pour moi, que celle de l'uniforme dont il me permettait d'effleurer l'écusson sur l'épaule, et du Sig Sauer 22 qu'on apercevait parfois sans avoir le droit d'y toucher, si bien que l'arme prenait quelque allure sacrée. Elle était l'imprenable. Au reste de sa vie, mystère. Pour se justifier, Gérard m'a longtemps fait croire qu'il appartenait aux services secrets. À la manière de Robert Hendy-Freegard, escroc longtemps passé pour un agent du MI5, Gérard multipliait les allusions aux puissances qu'il servait et qui se retourneraient contre nous si j'en touchais mot à quiconque. Dans les années 1990, *Le Bureau des légendes* n'existait pas, et j'ignorais tout de la réalité du prétendu métier de mon père, mais lui portais un respect instinctif. Au fond, je m'en fichais. Ce qu'il faisait hors de la maison le regardait, l'important était qu'il soit mon père, que nous jouions.

— S'il y a des hommes ou des femmes qui appellent et qui demandent à parler à Bruno, tu me les passes ou bien tu leur dis de rappeler, d'accord ? m'avait-il un jour prévenue. C'est mon nom de code, Bruno. Mais jamais tu ne le dis à maman, hein ? Jamais tu ne lui parles de tout ça, sinon c'est l'État qui sera en danger, tu comprends ? Si elle entend les appels, tu lui dis que c'est une erreur. Je sais que je peux te faire confiance, moussaillon. Tu ne briseras jamais notre secret.

Et fière d'être digne de sa confiance, j'assurais que non, jamais je ne percerais la bulle qui nous enveloppait.

De toute façon, comment aurais-je pu savoir que, quand je conseillais de rappeler Bruno entre 9 heures et 13 heures, ce n'était pas pour la France que j'œuvrais, pas pour les renseignements, mais pour la vie extra-conjugale de mon père ? Comment pouvais-je le deviner, qu'il me faisait mentir pour dissimuler une double vie ? Ma confiance en lui était celle d'une petite fille : sans limites.

Absolue.

Certains soirs, pourtant, je m'interrogeais sur l'avant.

5

Qu'est-ce qui distingue le courage de la fièvre? Pour saisir ce qui va suivre, il est important de comprendre combien j'ai longtemps cru que mon père était la personne la plus courageuse au monde. Pas tant parce qu'il accomplissait devant moi des exploits, mais parce qu'il m'apprenait à l'être, moi, vaillante. Parce qu'il est celui qui m'a appris à faire malgré les difficultés. À avancer. Il m'éduquait, en ce sens, comme un petit monstre de virilité.

« Il faut que tu sois à la hauteur de notre nom, ma Lou », rabâchait-il. Meynier signifiait *robuste guerrier*. Dès mon plus jeune âge, il me conseilla d'apprendre à me battre. Voulut m'inscrire à des clubs de judo, de karaté ou de boxe. M'initia à sa collection de petits soldats. M'apprit à nager à deux ans. Plus tard, il m'incita à manger de la viande de cheval comme une grande et m'encouragea à mépriser celles de mes copines qui, par amour des animaux, s'en offusquaient. La guerre ne devait pas me faire peur. La douleur ne devait jamais être un obstacle.

La mort n'était qu'un détail.

C'est un jour d'hiver et j'ai cinq ans. Le vent de février retourne les parapluies. Il les rend squelettiques, engins de métal qui me font peur. Comme souvent, quand il y a trop de vent, je suis convaincue que je vais m'envoler. La musique des rafales est morbide et mon corps si léger, les éléments si féroces : dans ma tête d'enfant, l'orage est un monstre sanguinaire dont il faut se protéger. Sans doute me suis-je d'ailleurs mise à trembler, mais mon père tient à ce que j'affronte la tempête. Il lui importe que j'aille, seule et exposée, marcher sur ce pont de Noirmoutier que les voitures franchissent en une respiration, il tient à ce que je traverse la voie côté est, celle réservée aux piétons et qui relie Fromentine, d'où nous partons, à Barbâtre, dont l'accent circonflexe sur le deuxième « a » suffit à me faire peur.

J'imagine que je pleure, alors qu'il me pousse sur le pont pour me donner l'impulsion – « Allez, moussaillon ! » Le détail m'échappe quand je me concentre aujourd'hui : je n'éprouve plus que la frayeur. L'effroi à l'idée d'être laissée seule dans cette jungle de béton et de vent. L'impression qu'on y laissera sa peau. L'envie d'appeler à soi une maman. C'est un rite d'initiation : en apprenant à traverser un pont routier seule à cinq ans, j'apprends à être forte sous l'orage, à accepter d'être ébouriffée, fragilisée par l'inconnu, j'apprends à me faire bousculer, et j'apprends que c'est cela, grandir. Je ne le sais pas encore, mais cet hiver de mes cinq ans, je m'aguerris.

Deux ou trois ans plus tard, sur une plage atlantique, alors que j'essaye désespérément de faire la roue sur un terrain en pente, un morceau de couteau s'enfonce dans ma voûte plantaire. Ça saigne beaucoup ;

le sable est taché et je m'en veux d'avoir taché le sable de mon sang.

Je regarde le paysage tirer vers le rouge en pleurant. Je n'appelle pas tout de suite à l'aide, je ne crie pas le nom de mes parents. D'abord, je regarde le sable rougir et je ravale mes larmes. Je me concentre pour cela, je serre les poings et la mâchoire.

À la maison, au retour de la plage, Gérard s'arme d'un briquet aux propriétés désinfectantes et d'un couteau de cuisine. Comme Abraham penché sur son fils Isaac, il maintient la lame à la verticale et me fend la peau – une ligature rectiligne – pour retirer sable et morceau de couteau de plage incurvé. La suite, c'est ma mère qui plaque un oreiller contre mon visage pour m'empêcher de hurler de douleur. La suite c'est : couteau contre couteau.

Ici, je pourrais raconter l'épisode de deux façons.

Je pourrais dire l'horreur de la douleur, les larmes, le sentiment d'injustice et le souvenir d'Annie soumise à la violence de mon père, Annie qui maintient malgré elle l'oreiller plaqué sur mes gestes, pour que je ne me débatte pas (sensation, alors, d'être un insecte), je pourrais raconter nos pleurs étouffés à toutes les deux, les cauchemars qui s'ensuivirent, l'infection qui dura trois jours et les Doliprane codéinés qui shootèrent mon petit corps d'enfant. Je pourrais raconter ça et ce serait alors un souvenir sincère. Mais je pourrais aussi, et ce serait plus honnête encore, dire l'éducation du courage : l'impression, galvanisante, que j'éprouvais à prendre sur moi, héroïne d'un film d'aventures. Danica Abramović, la mère de la performeuse Marina, se serait bien entendue avec Gérard :

elle racontait que, chez le dentiste, elle exigeait qu'on ne fasse *pas* d'anesthésie à sa fille quand on lui arrachait une dent. Il fallait s'entraîner à ne jamais crier.

Chez nous aussi : le silence souverain. Gérard, malicieux et autoritaire, nous parlait, à ma mère et moi, comme si nous étions dans un bloc opératoire soviétique, prenant un mélange d'accents russe et allemand pour diriger les opérations – «Passe-moi lé dessinfectant, s'il fe plaît» –, comme il lui arrivait souvent de prendre des voix terrifiantes pour me demander de me dépêcher pour aller à l'école, de me donner une punition ou, clin d'œil, de dire du mal de ma mère.

Ces accents outrés, comiques de n'être pas tout à fait maîtrisés, paraissaient être une technique pour désamorcer les choses graves par plus de gravité encore, une gravité excessive, qui ne pouvait plus qu'être risible – un moyen de mettre de l'humour dans la douleur. Le seul humour dont il ait jamais été capable : un rire tragique, interdit, plus noir que noir.

Quand j'y repense – et, parce que je porte aujourd'hui une boursouflure rose au pied droit en souvenir de l'épisode, mon métier de danseuse m'y fait repenser souvent –, une part de moi se glace au souvenir de l'accent russe. Une autre sourit. Les deux ont leur raison. L'une est-elle plus juste que l'autre ? Est-ce qu'une partie de ma mémoire est coupable de sympathiser avec mon propre père tandis que la seconde serait innocente, victime du même homme ? Suis-je à la fois un traître et un soldat ? L'empathie à l'égard du crime est-elle elle-même un crime ?

Suis-je coupable d'être la fille de mon père ?

6

La *sensation du couteau* était l'une des théories préférées de Gérard.

Il l'avait ramenée de la marine, comme un souvenir d'escale. Il disait : la vie, c'est une traque de moments aussi nets, aussi exacts qu'un coup de couteau dans un mur. Il disait : on vit n'importe comment, à la recherche de la sensation du couteau. Il n'expliquait pas ce qu'il voulait dire par là, mais je crois qu'il désignait par le couteau ces moments où l'on se sent *un peu plus que vivant*. Il voulait dire qu'on traque, tous, même et surtout si on ne se l'avoue pas, les instants obscènes, les impressions d'avant-catastrophe, les vacillements. Quand il évoquait la sensation du couteau, on sentait que la violence et la vitalité ne faisaient plus qu'une. Il m'a dit une fois : toi aussi tu chercheras le couteau, à ta manière.

Personne n'y échappe.

Il avait lui-même, au creux de la main droite, une cicatrice de deux ou trois centimètres qui parfois lui faisait mal, ou semblait du moins lui faire mal – si bien qu'on le voyait se masser la paume quand il était en colère ou inquiet. De cette cicatrice, je n'ai su l'origine que tard, une fois adulte et déjà ailleurs. Partant d'elle, fidèle à lui-même, mon père avait d'abord élaboré un tas d'anecdotes exotiques, lui permettant de briller en société. Un jour un tigre l'avait griffé, le lendemain il s'était empalé contre un grillage à Nice, le jour d'après, encore, il prétendait s'être fait ça on ne sait comment, dans les fonds marins peut-être, oubliant ses élucubrations au fur et à mesure qu'il les débitait. Se glorifiant chaque jour d'un exploit différent.

Dans une autre vie, qui sait, s'il avait été professeur de plongée, randonneur ou grand sportif, peut-être que son ego aurait trouvé à s'oublier comme le pisteur en forêt travaille à sa propre disparition et, captivé par quelque chose qui le dépasse, s'oublie. Mais dans cette vie, celle de Gérard, impossible de laisser son ego au portemanteau : le monde aimant et moite de sa famille jamais ne lui paraissait plus intéressant que lui-même.

Il aurait rêvé de courir avec des fauves dans le Grand Nord, à la Jack London, de mourir pour sa patrie à la Saint-Exupéry, de gouverner dans la fortune et la gloire de César. Il se voyait dans la Royal Navy du XIXᵉ siècle : chemise blanche, jaquette d'enseigne de vaisseau, pantalon tiré à quatre épingles et cravate au vent. Il s'imaginait pionnier, d'un autre siècle.

Mû par un idéal du moi américain irréalisable et pris en étau dans la France des années 1990, il avait pour ainsi dire un surplus d'énergie inemployé, comme s'il était né avec une libido pour laquelle le monde – le sien – n'était pas prêt. Cet excès de sève lui pesait, comme un lévrier anglais confiné dans un studio d'étudiant. À son corps défendant, la nuit, cette force inemployée se changeait même en violence. Fauve domestiqué contre son gré, il nous mordait faute d'avoir pu, ailleurs et autrement, se dépenser.

Ou bien – et c'est une hypothèse moins glorieuse, que l'âge adulte me pousse à oser formuler – peut-être que Gérard n'était tout bonnement pas à la hauteur de son propre appétit. Comme nombre d'hommes biberonnés au fantasme du conquérant, qu'il tienne d'Iron Man ou de Christophe Colomb, peut-être se rêvait-il hyène ou créature mythologique – Chronos dévorant ses enfants –, mais sans doute n'était-il au fond qu'humain, se rendant au supermarché comme on conquiert le seul royaume à portée de main, et nous en voulait-il de le prendre en flagrant délit de médiocrité, de le surprendre tel qu'il était – non tel qu'il se rêvait.

7

L'avant, c'étaient les morts.

Une famille – deux enfants, une épouse – pulvérisée par un drame. La première famille Meynier, perdue, figurait une innocence que nous n'aurions plus jamais.

L'avant, c'était l'Autre.

Il était difficile d'obtenir des informations claires au sujet de ce que tout le monde appelait pudiquement « le naufrage ». Je savais qu'il y avait eu des morts, des deuils et des ruptures, mais je peinais à comprendre comment les choses s'étaient passées. Aucune discussion, seul un faisceau d'indices.

Indice n° 1 : Chaque fois qu'Annie évoquait l'école de voile près de laquelle nous habitions, Gérard s'agitait étrangement, comme traversé d'une minuscule secousse électrique, il tressaillait sur son canapé noir, se redressait, s'avachissait à nouveau, se redressait encore, ou bien – c'était le pire – il se mettait discrètement à renifler.

Indice n° 2 : Les billes dans le grenier.

Indice n° 3 : Parfois, le soir, quand il rentrait du travail, Gérard restait dans sa voiture. Un long moment immobile. On ne comprenait pas ce qu'il faisait.

Indice nº 4 : De manière générale, Gérard se comportait étrangement quand il passait près des navettes de la région. Même enfant, je sentais que cela le faisait rouler trop vite en voiture, qu'il devenait *dangereusement* joyeux.

Indice nº 5 : Mon père me l'avait dit plusieurs fois : si j'avais été garçon, c'eût été Jean, et si je ne m'étais pas appelée Lou, je me serais appelée Rebecca. Mais, ajoutait-il en riant, le prénom avait déjà été pris, pas de bol.

Indice nº 6 : Les blagues sur la mort.

Indice nº 7 : Les blagues sur la famille.

Indice nº 8 : Ce dont il parlait avec son collègue La Flemme, qu'instinctivement je n'aimais pas, mais qui m'avait appris à dessiner les bateaux.

Indice nº 9 : Le yaourt.

Dans certains de ses gestes, ses enfants vivaient toujours.

C'était une manière de remuer son yaourt, avec hargne, traçant un mouvement circulaire effréné, comme s'il se jouait un Paris-Dakar dans le Fjord, à l'issue duquel la gelée durcie du frigidaire devait être rendue tout à fait liquide.

— C'est Jean et Rebecca qui malaxaient comme ça, expliquait-il, ils faisaient la course à la liquidité. C'est eux qui m'ont appris la tactique : bien meilleur liquide, non ?

J'en doutais mais me taisais, consciente que Gérard ne me demandait pas tant mon avis qu'il revisitait son passé. C'était récurrent, qu'il me parle sans me parler vraiment, s'adressant plutôt à l'idée qu'il se faisait d'une enfant, ne parlant à personne en particulier. Dans ces moments, j'étais perdue. Et ma mère souriait l'air de dire : ne t'en fais pas.

Ne t'inquiète pas, il y a des fantômes, c'est normal.

Nous avons ainsi vécu quinze ans dans une maison hantée.

Dans le jardin, j'aimais passer du temps à jouer sous le grand palmier rachitique que Gérard avait rapporté d'un voyage en Haïti, des années plus tôt. J'aimais, quoique sans les comprendre, les statues à mes pieds représentant deux silhouettes en pierre. C'était drôle, les escargots qui se promenaient sur leurs fronts.

À mes yeux, les statues n'avaient jamais été qu'un internat pour limaçons. Il y en avait toujours cinq ou six sur le dessus, errant comme des étudiants en permission, leur carapace en sac à dos. Le week-end, il m'arrivait de les détacher de leur terrain de récréation granitique pour les déposer sur le mur du jardin et m'adonner à une de mes activités préférées : la course d'escargots. Sur chacune de leurs coquilles, des inscriptions mystérieuses, comme des planisphères. Je les regardais avancer comme assistant à la lente compétition des univers possibles.

Comme je n'avais ni frère ni sœur, c'est avec moi-même et mes quelques élèves imaginaires que j'échangeais les paris tandis qu'Ardent dormait au soleil. Parfois, le chien ouvrait péniblement les yeux, clignant cinq ou six fois ses paupières, en lutte contre une force contraire, puis se décidait finalement à se lever, effectuait un tour sur lui-même en soupirant, et s'enroulait passivement, ses pattes allongées des deux côtés de sa truffe, lui conférant un air de sphinx. Immortel Ardent, qui assistait à mes jeux de fantômes pour enfants.

À l'issue de la course d'escargots, chaque fois la même chose : je choisissais, parmi mes amis invisibles, le plus loin du compte, et puis à voix haute je l'humiliais.

— Alors Laura, sermonnais-je avec une voix d'enfant qui joue à la maîtresse, tu as encore parié sur la mauvaise bête ?

Et toujours travestissant ma voix d'une intonation plus timide ou triste cette fois, l'invisible Laura répondait qu'elle s'excusait d'être si mauvaise, on ne l'y reprendrait plus.

Cette sorte de concours de lenteur pouvait m'accaparer des heures, et si aujourd'hui je me demande ce qui me fascinait tant dans les corps gluants, je pense toutefois que j'avais raison de perdre mon temps, d'être saisie par les sécrétions d'or abandonnées par le passage des limaces et de jouer dans un jardin vide sans m'inquiéter de ma solitude.

Raison de faire vivre les statues des enfants de mon père.

Car j'apprendrais plus tard, lors d'un repas de Noël, que ces statues représentaient mon frère et ma sœur. Mon père les avait commandées après leur mort, pour garder une trace de leur présence. En pierre, donc immuable. Ces statues d'enfant avaient été pensées comme des spectres éternels et, quand je jouais avec des amis invisibles dans le jardin, c'est bien aussi avec des fantômes que je flirtais.

8

De manière générale, Gérard n'aimait pas que je m'amuse avec d'autres que lui. Il consentait bien sûr à ce que je passe du temps avec des escargots, mais n'appréciait pas l'idée que j'aie des amis. Dès mes six ou sept ans, il prit en grippe les autres enfants, à qui il trouvait, sans les connaître, des défauts imaginaires et qu'il dénigrait gratuitement, sans égard ni raison. Gérard voulait que mon esprit lui appartienne : rester maître de mon royaume.

Un soir, je m'étais pourtant autorisée à aller fouiller dans la petite pièce du grenier où s'entassaient les reliques de ses enfants décédés, celle que mon père appelait « la salle de jeu » et dont l'accès était absolument interdit à Ardent, qui aurait pu *s'y étouffer*.

En guise de salle de jeu, c'était un fourre-tout poussiéreux, un grenier dans lequel on n'entrait jamais qu'en baissant la tête, ce qui nous donnait un air comique – comme si l'on rendait hommage à quelque passé révolu, dont les objets entassés entendaient témoigner. Des jouets et des armes. Car, aux côtés des peluches et des Playmobil, il y avait trois vieilles carabines, dont on ne savait pas bien à qui elles avaient pu appartenir et qui reposaient là comme des soldats fatigués, figés dans une éternelle pause-cigarette. Plutôt obscure, une ampoule dénudée en son centre comme unique source de lumière, la salle toute en contrastes permettait aux ombres de se promener entre les choses et les absents.

Il y régnait une atmosphère fin de siècle, de sorte qu'on réalisait vite, de cette salle, qu'elle était surtout la preuve qu'une autre famille avait bel et bien existé avant la nôtre – et pour cette raison, c'était une pièce qu'en général nous évitions.

« Ça donne le bourdon », disait Annie, et j'étais bien d'accord, « on n'y trouve rien de bien passionnant », ajoutait-elle, et ça je ne le savais pas vraiment. Un soir, va savoir pourquoi, j'avais souhaité aller vérifier. Au départ, je donnai raison à ma mère : ni la tour de vinyles en équilibre instable, ni la vieille valise d'un marron XIXe siècle, les quelques peluches lapins ou les soldats en plastique ne retinrent vraiment mon attention. Mais, après quelques minutes de fouille, je tombai sur le grand étui rouge semblable à un filet de Babybel géant et sentis monter en moi l'excitation. Je venais de dénicher un trésor inattendu : une centaine de billes variées. Des agates et des abeilles, des tigres et des yeux de chat, des trous noirs et des mers bleues, des neptunes et des pépites, et même, dans ce lot d'exception, une sibérie.

La joie me prit au ventre. À cette époque, les billes n'étaient pas encore passées de mode – les pogs et les cartes Pokémon ne les ayant pas chassées – et je découvrais, hallucinée, le Graal dans mon propre grenier. J'étudiai d'abord ces petites sphères, les pris dans mes mains, émerveillée, les retournant, les faisant cogner les unes contre les autres, en fourrant deux dans ma poche, et bientôt je courus voir Gérard, fascinée par cette collection de l'enfance dont il ne m'avait jamais parlé et qui avait autrement plus de cachet que les petits soldats de plomb avec lesquels il me rebattait les oreilles.

— Est-ce que je peux jouer avec les billes de Jean et Rebecca ? essayai-je, tapant sur son dos.

Sans se retourner, d'un ton sans appel, mon père fit savoir que non. Ce jour-là, j'enregistrai la première déception de ma vie.

C'était une déception à la hauteur des espoirs que j'avais placés dans les billes. Une incompréhension. Je ne voyais pas en quoi faire rouler des choses colorées pouvait froisser l'esprit de quiconque. Au fond, quelque chose en moi s'opposait à la décision paternelle. J'éprouvais une résistance, sentiment nouveau, qui me grisait. Dans le dos de mon père, j'empruntai donc, dès le lendemain, les cinq pépites rouge et vert acquises dix ans plus tôt par Jean dans une école du sud de la France et, grâce à elles, je gagnai dans la foulée un boulet lumineux. Remportant ainsi, sur le dos du défunt, le respect de toute la cour de récré.

À ma grande surprise, Gérard ne s'aperçut d'abord de rien. Ou, s'il s'en aperçut, du moins il ne me le signala pas. De l'épisode, il ne reparla qu'une semaine plus tard – venant me trouver pour me rendre officiellement la permission que j'avais officieusement déjà prise :

— Tu peux jouer avec les billes de Jean si tu veux, me dit-il sobrement. Il faut bien qu'elles vivent.

Étrangement, cette permission eut alors sur moi l'effet inverse. Aux billes, je cessai de toucher. Peut-être que les pogs avaient fait leur apparition. Sans doute avais-je aussi senti qu'il y avait des choses sacrées.

Gérard, je ne le réaliserais qu'adulte, vivait dans un huis clos avec ses enfants décédés.

Un dialogue s'était prolongé après leur disparition ; il leur parlait quand il passait devant les billes et quand il remuait son yaourt, il leur parlait encore quand il conduisait, quand il jouait, quand il riait et, pas toujours sans doute, mais parfois, assez souvent pour que cela me marque, il leur parlait à travers moi.

Le deuil consiste-t-il à substituer au défunt un autre être ? Étais-je l'enfant qui venait remplacer l'enfant perdu ? Je ne l'espère pas et devine que Gérard ne l'aurait pas voulu.

Inconsciemment pourtant, j'étais cette enfant qui vaincrait tout, devrait savoir tout faire, devrait être dix fois à la hauteur des vies perdues, j'étais cette enfant possible – une dernière chance de donner raison à l'absence.

Mais, je le sais maintenant, la mort a toujours tort.

*

Pour dire la disparition d'un enfant, il n'y a pas de mot.

Dans les langues européennes, du moins, il n'y a aucun mot. Celui qui perd ses parents est orphelin, celui qui perd son épouse est veuf, mais celui qui perd ses enfants n'est rien. Le mot existait par le passé, quand les morts infantiles étaient courantes, et qu'il fallait mettre au monde dix enfants pour espérer que deux ou trois d'entre eux survivent. Depuis, la mort des enfants est devenue rare, inimaginable, et pour ne pas concevoir cette chose, sans doute, on a supprimé le terme. En hébreu (*chakoul*), comme en arabe (*taklān*), il existe toujours : là-bas seulement ; ici, le terme s'est évanoui. Pour dire la disparition d'un enfant, il n'y a rien.

Seul le silence.

Un silence lourd comme le ciel.

Un silence qui n'est pas pudeur, mais gêne.

Les quelques parents endeuillés que j'ai connus ou écoutés parler le disent tous. C'est le silence de leurs proches qui, après le décès de leurs enfants, les a le plus marqués. Personne n'osait poser de questions sur cette mort, rebondir, rétorquer.

Chacun voulait passer à autre chose le plus rapidement possible. Tu me recontacteras quand tu auras tourné la page, semblaient-ils dire. C'est-à-dire jamais.

9

Était-ce de vivre avec des fantômes ?

À l'école, je ne me liais pas d'amitié facilement. En dépit des incitations de ma mère à inviter des amis (« Dis-leur qu'on fera des crêpes ! »), je restais de longues heures seule dans ma chambre, à faire de la gymnastique. Mon goût du sport avait commencé en regardant des prime times de variétés à la télévision. Je m'étais mise à danser sans même m'en rendre compte, âgée alors de cinq ou six ans, j'avais reproduit les gestes que je voyais sur l'écran. Au début, Gérard s'en était amusé, et m'avait même encouragée dans cette voie. Puis, notant que cela devenait sérieux, que je songeais à abandonner le judo pour la danse, il avait commencé à s'en inquiéter.

— On va éviter de charpenter une fillette dans cette maison, non ? Qu'est-ce que tu en penses ? avait-il demandé à Annie.

Et comme Annie ne répondait rien – j'étais déjà une fille, sa fillette adorée, que pouvait-elle répondre à une telle aberration ? –, il avait insisté, attendant de ma mère qu'elle humilie ses propres convictions et qu'elle verse avec lui dans une misogynie bon enfant.

— Tu sais très bien ce que j'en pense, Gérard.

Elle ne l'appelait Gérard que dans les cas graves.

— Je veux que Lou fasse ce qu'elle veut.

Puis elle s'était mise à ouvrir et fermer des tiroirs, manipulant quelques taille-crayons, paires de ciseaux et fourchettes, dans l'espoir que le mouvement de ses bras aboutirait à un changement de cap dans la conversation.

— Je préférerais qu'on ne l'inscrive pas à un cours de danse, avait insisté Gérard, essayant de contenir son agressivité en articulant chacun des mots de sa phrase.

— Arrête – et Annie, tendue, s'était dirigée vers l'évier.

De la gymnastique, donc. Aux récréations, il m'arrivait de m'isoler sous le préau pour m'étirer. Assise contre le mur gris, les jambes tendues, je m'attrapais les pieds en respirant comme un animal qui dort, à intervalles réguliers. Malgré mes efforts, je n'étais pas assez souple.

— Tu sais, tu fais mal les choses.

Une petite voix docte, face à moi.

— Il vaut mieux changer d'exercices, pour ne pas se faire mal.

Cette phrase fut la première que prononça face à moi Jade, sept ans, de larges lunettes bleues, un teint métis – rare dans la région – et des taches de rousseur à n'en plus finir, comme si ses joues avaient été coloriées par un enfant hyperactif. La main sur la hanche, elle me regardait avec cet air très adulte que revêtent parfois les enfants.

— C'est juste un conseil ! Un jour sur deux tu changes. Pour plus de résultats.

Je ne répondis rien, jugeant en moi-même cette petite fille prétentieuse qui venait me donner des leçons. Puis, le soir, seule chez moi, j'y repensai quand même. Et changeai d'exercice le lendemain. Cinq jours plus tard, au même endroit et dans la même position, je recroisai Jade et lui souris. C'est vrai que j'avais beaucoup moins mal qu'avant.

Petit à petit, Jade devint ma première amie.

Pour une raison obscure, mon père la détestait. Sa fragilité et sa douceur de petite fille paraissaient l'irriter au plus haut point. Elle représentait tout ce qu'il avait fui, et certains jours – ce qu'il appelait *les jours noirs* – Gérard n'arrivait plus à se retenir et lui parlait mal. Il lui parlait, plus précisément, comme aucun adulte n'est censé parler à une enfant de sept ans.

« Tu sais très bien ce que je veux dire, petite connasse, je vois clair dans ton jeu… » Dans ses moments de crise, les phrases de Gérard étaient suspendues. Lui qui aimait tant les histoires et d'ordinaire parlait par assertions nettes et exclamations joueuses perdait toute articulation quand il était en colère. Ses mots, comme déviant de leur trajectoire initiale, se déformaient dans sa bouche et se chargeaient de sous-entendus féroces.

Comme si, malgré lui, ses phrases se dirigeaient *vers la violence*.

Il y avait en lui quelque force qui le débordait. Des restes d'une enfance précaire et blessée dont il avait gardé, en cicatrice, un instinct défensif qui le faisait attaquer. Le sorcier de l'univers, certains soirs, devenait cruel. Sa violence, inassouvie depuis l'aube de la vie, cherchait une victime de rechange, n'importe laquelle, à condition qu'elle soit vulnérable et passe à portée. C'était la face obscure de mon père, celle qui me blessait. La face qui m'est le plus revenue en tête ces dix dernières années, comme une partie d'échecs non résolue.

10

Un mercredi après-midi alors qu'il dormait, rentré d'une nuit passée à patrouiller dans les rues de Mouilleron-le-Captif et de Venansault, nous avions eu, avec Jade, le malheur de danser dans ma chambre. C'était un jour de printemps – sa lumière en promesse –, mais notre envie de chorégraphie avait eu raison du soleil, et nous nous étions enfermées pour nous exercer face au grand miroir de la commode.

On s'était habillées en blanc : j'avais enfilé un tee-shirt sur des collants, et Jade portait un justaucorps nacré de, ce n'était pas rien, la marque Repetto. Côte à côte, nous devions ressembler à une couverture désuète de la Bibliothèque rose. Pourtant notre but, net et assumé, tenait plutôt du monde moderne. Nous espérions, dans l'année qui suivrait, concourir à l'émission *Graines de star* et, à cette fin, préparions depuis plusieurs semaines une entrée en scène à la Michael Jackson, ce que des années plus tard j'appellerais un *véritable show à l'américaine*. Une performance. Et qui disait performance disait persévérance : il fallait, comme le notait Jade, « faire et refaire ». Je me demandais d'où elle tirait tout ce lexique d'entraînement.

— Il faut être patient comme une araignée avec sa toile, prévenait-elle. (Et puis :) Allez Lou, on reprend.

Et toutes les deux, nous suions des heures durant. J'aimais cette manière qu'avait Jade de travailler en mathématicienne impitoyable.

— Si on veut remporter le concours, il va falloir surprendre le jury !

Jade avait maintenant ôté ses chaussons classiques, entendant commencer un nouvel exercice. Un grand écart inaugural et huit sauts variés suivaient, au cours desquels chacune de nous démontrerait sa souplesse. Ça irait ? Selon elle, c'était la bonne direction. Ça ferait grand bruit. Seulement, à cette époque, ma chambre donnait directement sur celle de mon père et de bruit il n'était pas question.

«Quand je dors, je veux qu'on me foute une paix royale», avait l'habitude de dire Gérard. Or le hit sucré sur lequel nous bondissions avait fini par s'immiscer dans son sommeil. On ne réveillait pas l'ogre impunément. Sitôt qu'il eut compris que *Sur un air latino* n'appartenait pas à son rêve, mais à la chambre voisine, Gérard se leva.

Il y eut un coup sec et sans appel, pareil à un courant d'air, et notre porte s'ouvrit sur la rage de mon père. Je me précipitai alors sur mon lecteur CD pour baisser le son – «Pardon» –, mais je savais qu'il était déjà trop tard.

Gueule encore froissée par l'oreiller qu'il appliquait sur sa tête en dormant, mon père me lança alors un regard agressif : *vous dégagez*. À moi, il dit de me pousser. À Jade, il ne dit rien, se contentant d'aller saisir ses épaules pour la retourner d'un geste, comme s'il exécutait là lui aussi un mouvement de danse afin de la jeter dans le couloir, lui extorquant au passage un cri.

— Maintenant tu dégages de ma maison, c'est compris ?

Le terme «dégage», dans la bouche de Gérard, semblait être un substitut au crachat. Il était lancé dans les airs avec une insistance particulière : une intention d'avilir. Dans la voyelle «a» du mot, on entendait une gueulante ramassée, l'imaginaire des dents qui volent en l'air et du sang au nez. Mon père disait «dégage» comme on dit «je vais te frapper».

Jade, bouche grande ouverte, visage rougi par la peur, yeux humides, ne répondit rien. Elle se contenta d'essayer de maîtriser son souffle, prenant de longues inspirations qu'elle expirait par trois petits à-coups – pratiquant là comme un exercice dont j'eus l'étrange impression qu'elle *avait l'habitude* –, elle m'expliquerait plus tard qu'elle comptait alors jusqu'à 3 dans sa tête : tout était dans le décompte, cela la calmait toujours. Jade se maîtrisait en adulte. Dans son justaucorps blanc, ses pieds tout nus sur ma moquette, elle avait l'air d'une *vieille* petite fille. Chétive, dans le couloir, je la revois aujourd'hui comme une silhouette échappée d'un tableau de Degas.

— Attends, papa, elle n'a pas ses vêtements !

Mais ici mon père me fit comprendre en un regard que tout cela n'avait plus la moindre importance et que si Jade ne dégageait pas sur l'instant, jambes nues, chétive, si Jade s'obstinait à respirer ainsi dans son couloir, son couloir personnel, son couloir à lui, cet espace qu'il avait obtenu à force d'années de travail obstiné dans la police, à force d'affaires de faux billets, de vols de kits mains libres, de défauts de permis et d'ivresse sur la voie publique, oui si elle restait là, dans ce couloir qui était sa propriété, alors il arriverait ce qu'il arriverait.

Sans attendre, Jade courut alors vers la porte d'entrée, se précipita dans l'escalier, manquant de tomber en le dévalant, et continua de courir un peu quand elle eut sauté le portail et qu'elle fut les jambes à l'air, pieds nus sur les graviers, abîmée, gosse paniquée.

La vision de ses jambes frêles me resterait longtemps.

Gérard m'ordonna ensuite de retourner dans ma chambre et bientôt, dans mon tee-shirt blanc, devant les chaussons abandonnés de Jade, je m'obligeai à mordre un oreiller pour m'empêcher de pleurer. Ce n'est qu'une bonne minute plus tard que je réalisai que la musique tournait toujours. Tout bas, elle, continuait de jouer.

11

Dans les années 1960, il arrivait à Colette Meynier de frotter le visage de son fils avec du piment d'Espelette. Femme au foyer, elle en achetait cinq ou six le vendredi au marché, avec des poivrons, des carottes et un gigot d'agneau dans une optique culinaire, puis elle rentrait à la maison et, parfois, tombait sur son fils, échappé de l'école tout salopé, et qui avait sur le visage cette expression qu'elle lui connaissait par cœur : le menton baissé, mais l'œil rieur, un air rusé qui trahissait des actes torves dont elle allait entendre parler. Il était ainsi arrivé à Gérard de découper la poche d'un professeur, de repeindre une statue en rouge, de poser une punaise sur la chaise du directeur – mais les actes, au fond, n'importaient pas tant. Ce que Colette ne supportait pas, c'était l'air de son fils. La provocation dans son regard. L'éclat de sa pupille.

Alors, sans même prendre la peine de lui demander ce qu'il avait encore bien pu faire, elle lui administrait une punition préventive. Attrapant son fils, et le maintenant sous un bras qu'elle avait musclé, elle frottait le condiment rouge où elle le pouvait, contre les joues, contre le front, parfois contre les yeux, astiquant partout où elle pouvait astiquer, marquant la peau autant que possible. Faisant mal. Après quoi elle répétait, en pleurnichant mais sans élan, comme excédée par son propre comportement autant que par celui de son fils, qu'elle n'avait rien fait, non, vraiment, rien fait pour mériter un voyou comme ça.

Certains jours, selon ce que m'en a raconté Annie, elle y allait au martinet. Qui aime bien châtie bien et il fallait croire qu'elle aimait son fils. À force de coups, Colette dessinait sur sa peau des traînées rouge sang formant d'étranges motifs aztèques. Des traces douloureuses, dont Gérard ne se plaignait pas. La douleur était une habitude : dans la forêt provençale de son enfance, les blessures étaient courantes. Combien de fois avait-il chuté de cheval, d'un arbre ou d'une pierre ? Si jeune, et déjà tout ce sang. Gérard, peu impressionnable, mettait déjà enfant un point d'honneur à ne «jamais chouiner». Et puis il le sentait : la violence maternelle et l'alcoolisme de son père ne participaient que d'un climat prolétaire banal dans le Sud des années 1960. De ce domino de sévices et de plaies, il n'y avait rien d'intéressant à dire ni à faire.

Mieux valait se taire.

Gérard avait donc appris à passer ses douleurs sous silence et, dès que possible, il avait migré vers l'ouest du pays. À Brest, il s'était enrôlé dans la Marine nationale avant ses seize ans. *Honneur, Patrie, Valeur, Discipline* : la devise de la Royale était vite devenue la sienne. Aux jeunes hommes qui, comme lui, souffraient d'une image d'eux-mêmes détériorée, la marine offrait la possibilité d'une fierté nouvelle. On apprenait à hisser un drapeau, à faire son lit en trente secondes, on enfilait une vareuse, un bachi surmonté d'un pompon rouge, on acquérait tout un lexique professionnel, apprenait à parler de mousses brevetés, d'unités opérationnelles ou de quartiers-maîtres, et tout cela donnait une consistance, un savoir-faire unique. Un atout. Quelque chose à soi, et pourtant quelque chose de plus grand que soi. Quelque chose que les autres n'avaient pas, et avec lequel on pourrait les impressionner sans trop en faire. Désormais, on appartenait à une patrie. On nourrissait un rêve collectif que tout le monde, alors, tenait encore en respect. La Seconde Guerre mondiale n'était pas si loin : quinze ans plus tôt, l'Europe avait plongé dans un cauchemar qui continuait de tenir les esprits en haleine. S'engager dans l'armée, c'était faire honneur à l'histoire, aux ancêtres morts pour que l'on vive, aux enfants qui viendraient. On avait quelque chose à défendre. Et sentir, en soi, la lente montée d'un uniforme galvanisait comme rien d'autre. Sans ambiguïté, la marine avait représenté, pour Gérard, la chance d'une métamorphose intégrale. La mer vous formait pour la vie.

Au plus jeune âge, l'imaginaire de mon père avait été sculpté par un rêve d'aventures, de victoires et de discipline. Ce rêve avait traversé les adolescents, les milieux et les siècles, donnant à chacun un sens et un programme. C'était un idéal de vie que Gérard aurait voulu qu'à mon tour j'embrasse, mais que je ne pouvais m'empêcher de voir comme celui d'un autre siècle et d'un autre genre que le mien. Le fantasme épique des camaraderies et des victoires ne me concernait pas ni ne semblait d'ailleurs magnétiser, comme avant, les adolescents. À l'orée d'un nouveau millénaire, les mythes de l'esprit changeaient. L'avenir, pour notre génération, n'avait sans doute plus les contours spartiates qu'il avait eus dans le passé.

Et entre Gérard et moi, il y avait, sans que nous en ayons conscience, un écart d'imagination si prononcé qu'il agirait comme un choc thermique à l'âge adulte. Lui et son désir de conquête, moi et ma fatigue du pouvoir : nos imaginaires se toiseraient, sonnés et impuissants.

12

À l'heure du dîner, je refusai de lui parler. Un premier affront. J'éprouvais un chagrin trop pointu pour faire le premier pas et, Gérard n'étant pas du genre conciliant, la conversation, autour des endives au jambon, en était au point mort.

— Tu ne veux pas parler ? avait bien essayé ma mère. Les endives peut-être ?

Étaient-ce les endives ? De fait, je restais une enfant et avais en horreur ce plat de famille dont je remuais, sans y croire, des morceaux dans mon assiette, faisant au passage crisser mon couteau contre la surface lisse, ce qui donnait à la scène une bande-son d'épouvante, mais ce n'était, en l'occurrence, pas le problème. Non, le problème, c'était Jade – et ce qui s'était ensuivi.

— Tu ne me refais plus jamais ça, hein ? m'avait dit Gérard au sortir de sa sieste.

— Plus jamais quoi ?

— Tu sais très bien de quoi je parle.

À nouveau, la fin de la conversation échouait dans une suite d'insinuations terrifiantes. Cette méthode reste aujourd'hui encore, pour moi, le plus terrible des procédés d'intimidation. Des points de suspension de leur père, les filles ont peur.

— C'est à cause de ce qui s'est passé cet après-midi que tu boudes ? demanda Annie.

— Je ne boude pas, je n'ai rien à dire c'est tout, répétai-je, coupant un morceau d'endive avant de l'agiter dans mon assiette, puis de le reposer, intact, un ou deux centimètres plus loin.

— C'est à cause de cet après-midi, je crois. Tu as peur que Jade ne soit plus ton amie ?

Je me souviens de l'impression humiliante que j'éprouvais alors, qu'on me parle comme à un enfant capricieux qui avait lui-même engendré son chagrin. Comme si j'étais, moi-même, coupable d'avoir précipité dans la rue une petite fille en justaucorps un après-midi de mars. Sous la table, je pinçais ma main droite de ma main gauche, jusqu'à créer le début d'un hématome, m'efforçant ainsi de me focaliser sur la douleur, ne montrant rien des émotions contradictoires qui me traversaient. Ce geste-là me resterait.

— Tu n'as qu'à lui expliquer que vous aviez mis la musique un peu trop fort. La prochaine fois vous la baisserez, ça n'arrivera plus.

Ma mère prenait la défense de Gérard de manière éhontée, alors j'essayais de respirer comme j'avais vu Jade le faire, mais me sentais perdre pied. J'éprouvais, avec cette gravité propre au jeune âge, du désespoir. Un désespoir d'enfant – dérisoire donc violent –, une envie de tout foutre en l'air, la sensation intérieure d'un miroir qui se fend.

— De toute façon, ça n'arrivera plus. Je ne veux plus que mes amies te voient.

Les mots avaient claqué dans l'air de la cuisine comme des gifles. On le sentait tous les trois et je m'étonnais de découvrir que quelques mots – a fortiori les miens – pouvaient avoir un effet si fulgurant. Depuis le début de la conversation, mon père serrait la mâchoire à intervalles réguliers. À travers sa peau, l'os de sa mandibule formait, à gauche et à droite, des boursouflures menaçantes sous les oreilles et je sentais que s'il desserrait brutalement ses dents, comme un élastique trop tendu que l'on relâche en soulevant l'index, quelque chose de terrible arriverait.

D'abord, personne ne dit rien. Le silence gagna les moindres recoins de la cuisine. Seule l'horloge continuait à faire entendre ses aiguilles, comme si elle cherchait à se faire remarquer : en dépit des apparences, le temps ne s'était pas arrêté.

Gérard posa sa fourchette.

— Tu as honte de moi, c'est ça ?

Un silence.

— Tu as honte de moi ?

Gérard répétait sa question, insistant sur chaque mot.

Je scrutai mon assiette, penaude, portai une grosse portion d'endive à ma bouche pour me donner une contenance et commençai à mâcher. Ça manquait de sel.

— Je t'ai demandé quelque chose, Lou. Tu as honte de ton père ?

La voix de Gérard avait gagné en volume. Si je ne lui répondais pas, c'était sûr, *j'allais payer*, alors je bredouillai quelque chose qui commençait par non, une négative vaine, que mon père coupa immédiatement par une insulte. Il me regardait dans les yeux, franc.

— Tu fermes bien ta gueule maintenant et tu écoutes ce que je vais te dire, OK ? Je vais te dire quelque chose d'important, alors tu fermes ta petite gueule et tu écoutes.

Et comme je n'avais peut-être jamais écouté, j'écoutai alors.

— Je ne veux pas te voir à mon enterrement.

Encore une phrase qui claquait dans l'air. Savais-je ce qu'était un enterrement ? Il ne voulait pas y voir ma petite gueule, quand on le mettrait en terre, c'était bien clair ?

— Gérard, ça n'est pas possible ça, ça ne va pas, non !

Soudain Annie réagissait, de la pire des manières, et j'aurais voulu lui tordre le bras pour la faire taire, mais à la place je fus prise d'une envie de pleurer – Gérard aurait dit : de chouiner –, comme on parle d'une envie de vomir ou de pisser, quelque chose qui ne pouvait pas attendre, qui sortirait qu'on le veuille ou non. Pour que mon père ne me surprenne pas si faible, pour qu'il ne voie pas sa fille incapable de ravaler sa salive et de bomber le torse, je quittai donc la cuisine avec précipitation, claquant la porte au passage, espérant ainsi refermer l'épisode et ne m'autorisant à m'apitoyer sur moi-même qu'une fois rentrée dans ma chambre – ma bouche encore pleine de ces endives douteuses. Ce fut notre première vraie dispute, et j'avais eu peur.

J'avais eu peur, oui, mais dès le lendemain, la bonhomie de Gérard était de retour et, sans chercher à expliquer cette volte-face, je m'en réjouis. Gérard ne s'était pas excusé pour son comportement de la veille – il ne s'excusait *jamais* –, mais m'avait cuisiné des *eggs & bacon* pour le petit déjeuner, aux tranches grasses et un peu brûlées, certes, mais qui témoignaient d'une indéniable bonne volonté. Ensuite, il m'avait conduite à l'école dans sa voiture pleine de miettes, m'avait fait boucler ma ceinture et s'était mis à chanter la chanson du décollage à tue-tête, puisqu'à chaque trajet c'était la même chose : la voiture de mon père, comme un Boeing prêt à s'envoler.

Attention, mesdames et messieurs
Dans un instant

Il appuyait alors sur l'accélérateur et la voiture jaillissait sur l'avenue. À force de vitesse, à l'en croire, la Peugeot pourrait changer d'angle, passer à la verticale et finir dans les nuages, comme si par la seule puissance de son imagination Gérard pouvait changer les roues en ailes et notre chemin vers l'école en une excursion dans l'armée de l'air.

En classe, j'avais été déçue de l'absence de Jade, avec qui j'aurais aimé décortiquer l'incident de la veille. Sans doute malade, m'avait suggéré le prof à la récré. J'avais acquiescé. Ce n'est que trois jours plus tard, quand elle revint en classe, que Jade m'apprit qu'elle s'était absentée à cause de son propre père à elle.

— Il était très fâché que je sois rentrée sans vêtements.

— Encore pardon. Mon père était fatigué. Il a pas fait exprès.

— Il a cru que je me permettais d'oublier des choses, il était rouge.

— Et il t'a rendue malade pour te punir ?

— Non, il m'a privée d'école et m'a demandé de l'aider à la maison.

— C'est une punition, ça, te priver d'école ?

— Mon père est comme il est, conclut Jade.

Elle était évasive, fermée comme un pénitencier, et je m'étais alors demandé si c'était en face de son propre père qu'elle avait appris à maîtriser sa respiration comme cela. Elle semblait le craindre, et entre les lignes je compris que sa passion de la danse devait être un moyen d'échapper à la tristesse domestique. Sans doute cela expliquait-il aussi qu'elle soit si bonne élève. Moins par fayotage, comme mon éducation m'aurait poussée à le croire, que par besoin de se dérober au foyer.

Comme on fait un troc de confidences, je décidai alors de lui raconter le Grand Secret de mon méchant, de mon salaud, de mon formidable père à moi. Dans la journée, quand mes parents n'étaient pas là, expliquai-je à Jade, j'avais l'habitude de farfouiller dans leurs affaires pour trouver la planque du chocolat noir que, Dieu sait pourquoi, ils cachaient dans tous les recoins de la maison. Je picorais un carré de 95 % dans la cuisine, en dérobais dans la commode du salon (Annie s'en était même aperçue et avait installé un « piège à curieux » avec un cheveu scotché au tiroir), mais j'inspectais aussi la commode de vêtements et le bureau de ma mère. Celui de Gérard, en revanche, c'était compliqué. Il était toujours fermé à clé. Sauf que l'avant-veille, non. L'avant-veille, c'est-à-dire le lendemain de notre après-midi de danse, mon père avait oublié sa clé, l'avait laissée sur le cadenas qui maintenait clos le tiroir bas de son secrétaire. Et, dedans, est-ce que Jade savait ce que j'avais trouvé ?

Je le lui donnai en mille.

Une grenade.

— Quoi, une grenade ?

Ses yeux étaient devenus des billes.

— Une bombe, tu veux dire ?

Brillante, noire et gonflée, oui. Une vraie grenade en métal, comme dans les films.

Dans mes mains d'enfant, je l'avais soupesée, plus légère que je ne l'aurais pensé. Je l'avais jaugée, et puis j'avais senti mon cœur s'emballer à l'idée qu'elle puisse tomber à mes pieds. Un instant, j'avais imaginé l'explosion, le souffle effroyable, le bruit qui vous assourdit à jamais, la fumée et les cris des voisins. Mes mains s'étaient mises à trembler.

— Et tu crois qu'elle aurait pu exploser ?

Je n'avais aucun moyen de vérifier si l'engin était ou non fonctionnel, s'il s'agissait d'un vieux trophée ou d'une arme prête à être dégainée : je n'y connaissais rien en explosifs. Rien que ma peur. Alors, avec toute la délicatesse dont j'étais capable, je l'avais tout simplement reposée.

— Je crois, oui.

13

Pendant les dix premières années de notre vie, nous n'avons aucune idée de ce que font nos parents après 22 heures. Le couvre-feu qu'ils nous imposent agit aussi sur notre imaginaire. D'eux, nous ne connaissons que la vie du jour : leurs nuits nous échappent.

De 20 heures à 22 heures, je voyais bien Gérard allongé dans le canapé du salon, devant la télévision, dont nous commentions les programmes ensemble, mais après ça, c'était : brossage de dents, pyjama et couette. Il n'y avait plus que ma chambre : le monde extérieur s'évanouissait. Petit à petit, pourtant, ces horaires ont changé. Comment les coutumes de l'enfance se perdent-elles, nous l'ignorons, mais je sais qu'un jour est venue la période dite « d'après 22 heures », pendant laquelle le mystère de mon père s'est épaissi.

Désormais, le soir, à l'heure où j'avais été me coucher pendant dix ans et où, naïvement, j'avais supposé que mes parents faisaient de même, je voyais Gérard rejoindre son bureau ovale en souterrain de notre maison, pour n'en ressortir que sur les coups de 2 ou 3 heures du matin. Pendant cinq heures, mon père vivait chaque soir une vie parallèle à la nôtre et dont j'ignorais tout, sinon qu'elle ne nous concernait en rien, ma mère et moi, et que mon père tenait à la garder opaque. Alors que nous glissions dans le sommeil, il rejoignait sa vie d'après.

Le bureau ovale de mon père était jaune (sa couleur préférée, la plus joyeuse du spectre, couleur de l'imagination et de la vitalité, mais aussi, ça, je ne l'apprendrais que plus tard, de la lâcheté : au Xe siècle, c'est en jaune que l'on peignait la porte des traîtres). C'était une pièce où travailler mais aussi où se reposer – un canapé, une salle de bains et des toilettes. Annie et moi respections cet espace comme s'il s'était agi d'un temple miniature. L'église personnelle de Gérard. C'est au «bureau ovale» qu'il se ressourçait, et si nous l'appelions comme ça, c'est qu'il y avait en son centre une grande table en forme d'œuf, sur laquelle mon père étalait et consultait continuellement un tas de papiers nébuleux. C'était sa «table de réunions», même si la plupart d'entre elles ne se déroulaient qu'avec lui-même. Il y avait aussi, dans le bureau, de petites armoires, étagères de souvenirs et de trophées fermées à double tour et auxquelles nous n'avions pas le droit de toucher. Il m'arrivait cependant – notamment quand les toilettes du haut étaient occupées – d'avoir le droit de descendre dans cette caverne et de rêver devant les vitres. Dedans pavanaient ses galons de la marine, des insignes bleu-blanc-rouge à son nom, une épée malgache, deux fioles de vodka venues de Moscou, du pâté de crocodile, une petite défense d'éléphant (avec l'écriteau «interdite à la vente» à côté), ainsi qu'une masse de souvenirs de la mer : des coquillages aux reflets fluorescents, un couteau gros comme celui d'un boucher, des dents de requin et un petit cadavre d'hippocampe, fin et doré, un cadavre qui me faisait rêver.

Mais il y avait autre chose dans le bureau de Gérard. Dans le premier tiroir fermé à clé, il rangeait son arme. Un pistolet, que je connaissais depuis longtemps et qui me faisait penser à la peluche d'Ardent. Non que notre malinois manipulât dans sa gueule le Sig Sauer de mon père, mais Gérard avait un jour offert à notre chien un jouet en forme de flingue, une réplique qu'il avait rapportée d'un voyage dans l'Est et qui traînait depuis dans son panier aux côtés d'un crocodile en plastique et d'un grand nœud rose à mâchouiller. L'arme d'Ardent était légère et molle, un pistolet pour de faux, qui faisait rire tous les amis de mes parents de passage à la maison, permettant ainsi à Gérard, à peu de frais, de briller par l'originalité de son autodérision.

Aussi, quand je tombai sur la grenade, j'imaginai d'abord qu'il s'agissait d'un fruit de métal, d'une farce, d'une autre parodie de la violence destinée à devenir une blague familiale. Et sans penser à mal, je soulevai la chose. Mais, une fois dans mes mains, j'eus si peur de l'explosif qu'il me fallut faire un grand effort pour recouvrer une respiration normale : les yeux fermés, j'imitai l'exercice de Jade, priant pour que mon père n'apprenne jamais que je m'étais trouvée là, fouillant dans son tiroir, au contact direct de la vie nocturne que, d'ordinaire, il savait si bien nous cacher.

Puis, et cela fut presque simultané, la peur se mêla à l'excitation et s'effaça enfin, derrière l'idée que cela ferait toujours quelque chose à raconter.

L'imagination était plus importante que le savoir, les secrets plus précieux que les vérités.

14

Mais tout le monde ne partage pas le goût du secret et, le soir de notre discussion, Jade parla de la grenade à sa mère. Ce fut une déception majeure. Mes parents m'avaient enseigné les lois du silence. Il m'était inimaginable qu'une petite fille, quoi que mon père lui ait par ailleurs dit ou fait, puisse troquer ma confidence contre un câlin de sa maman, dont elle savait très bien, cette idiote, qu'elle irait tout répéter. Plus j'y pensais, plus je trouvais son attitude *petite*. Jade avait manqué de maturité et de courage : j'étais très fâchée.

Mon père aussi. La mère de Jade, dont le comportement expliquait sans doute celui de sa fille, était allée trouver le directeur de l'école pour signaler l'explosif et bientôt Gérard recevait, au boulot, un appel sur son portable. Comme il me l'expliquerait le soir même au Leclerc, c'est-à-dire à l'abri des oreilles de ma mère, il avait eu dans cette histoire la « chance d'être flic ».

Les gens n'ayant qu'une vague idée des règles des institutions, le directeur avait cru normal que mon père conserve à la fois un flingue et une charge explosive. En bon citoyen respectueux du travail des gardiens de la paix, il s'était excusé d'avoir dérangé un policier en plein service. Tout ça n'était qu'un malentendu. Il rappellerait la mère de Jade pour le lui expliquer. Sur quoi mon père lui avait sans doute dit – grand seigneur – que cet appel honorait au contraire le civisme du directeur. Bien sûr, mieux valait se méfier des citoyens armés. Puis il avait dû ajouter une petite remarque humoristique sur la protection des civils et le bien-être citoyen, qui commençait dès le préau. Le dossier avait été classé sans suite.

— Mais ne t'avise pas de recommencer un truc pareil, Lou. Et que ça n'arrive surtout pas aux oreilles de ta mère, d'accord ?

Dans la voiture, j'avais acquiescé, les yeux humides, honteuse d'avoir fichu mon père dans une situation pareille et humiliée de le voir si enragé pour la deuxième fois de la semaine, alors que je l'aimais tant, et qu'il m'aimait tant, alors que nous étions faits pour un jour nous marier. Et lui de finir par me lancer :

— Allez, on s'en fiche, tu veux un chocolat chaud ?

Avec plaisir.

Seulement, après ça, il y eut entre Gérard et Jade une distance irréconciliable. Y compris dans mon propre esprit. Quand je les imaginais, je me représentais toujours Jade en tutu rose et mon père en ciré jaune, amiral en pleine tempête. Alors quand Gérard me demanda de choisir entre mon amie et lui, je ne trouvai pas ça étrange ni abusif.

En réalité, je n'hésitai pas une seconde : à mon père, je tendis les bras.

15

C'était le temps où j'adorais engouffrer le pommeau de douche dans ma bouche, avaler toute l'eau qui jaillissait du métal. J'aimais aussi ces livres pour enfants où garçons et filles se transformaient en animaux. J'étais persuadée, au fond, d'être moi-même un mammifère marin. Sans me l'avouer, je me remplissais d'eau dans l'espoir de me changer en cachalot ou en poulpe. Avoir un corps de petite femme, un corps terrestre, n'était pas ma véritable nature. C'est aussi ce que j'aimais tant dans la danse, moins Jade et ces affaires de concours que de tourner sur moi-même, m'attraper les pieds, retourner mon dos. Danser, c'était nager sans eau.

Lorsque je fis mon premier solo, sur la petite scène d'un théâtre local, j'allais avoir sept ans. Je m'apprêtais à dépasser l'âge où Jean et Rebecca étaient morts et, à la manière dont il évitait le sujet, ma mère sentait que le moment pourrait être difficile à passer pour Gérard. Elle me raconta ça, des années après : ses rires outrés, sa propension à manger des yaourts fermiers sur le coup de 23 heures, ses reparties plus cruelles qu'à l'accoutumée, ses insomnies. Il se pouvait qu'elle exagère les choses, bien sûr, et pour cette raison, elle s'était bien gardée d'en parler aux autres, mais Annie avait tout de même ce pressentiment tenace : on allait entrer dans la *période d'après*.

Ce n'était ni juste ni rationnel, certes, mais c'était humain : il était probable que Gérard reproche à sa fille de vivre encore alors que Rebecca et Jean au même âge l'avaient quitté. Il était attendu que, dans une certaine mesure, ma suite ne le concerne plus.

Le spectacle avait eu lieu le samedi 11 décembre 1999. Je portais une combinaison verte de grenouille et mon arrivée sur scène consistait en une nuée de rebonds à la grâce intermittente. Le trac m'avait procuré une sensation coupante et l'heure qui suivit avait passé en un clignement de cils, chaque geste menant au suivant sans réfléchir. Sur scène, il n'y avait aucun temps pour penser. À la fin, comme un orage éclate, les applaudissements avaient retenti et, parmi les ombres familières du public, j'avais aperçu Gérard à côté d'Annie, le couple souriant comme un jour de noces, mes deux parents en extase comme s'ils n'avaient jamais souhaité qu'une chose : que je monte sur scène en lycra pour incarner une grenouille se hissant sur la pointe des pieds. Au sortir de scène, si fière, j'avais sauté dans les bras de mes parents et, pendant le trajet du retour nous avions un peu parlé de la soirée – la première partie n'était pas à la hauteur, la musique était trop forte, le soliste pas si épatant – avant de se promettre une soirée crêpes le lendemain, pour fêter ça. Et on s'était, cette nuit-là, endormis d'un sommeil de conte.

Au réveil, l'*Erika* venait de couler.

Parti de Dunkerque pour rejoindre la Sicile, le navire avait été victime d'une défaillance de structure et avait fini, au sud du Finistère, par se briser en deux, parfaitement. Puis il avait disparu. Et bien que cet événement ne signifiât rien à mes yeux, je compris aussitôt qu'il éclipserait mon spectacle de la veille. Il ne serait plus question de danse ni de cidre avant un bon moment.

La nouvelle passait en boucle sur tous les bulletins d'information et Gérard la contemplait, silencieux, zappant devant sa télévision : *la violente tempête qui a soufflé la nuit dernière sur l'ouest du pays a donc entraîné le naufrage d'un pétrolier (...) coupé en deux toute la matinée (...) 26 marins indiens récupérés sains et saufs (...) navire parcouru de craquements inquiétants avant de se briser ce matin à l'aube (...) 31 000 tonnes de fioul lourd déversées dans l'océan Atlantique (...) l'enquête se poursuit.*

Ce à quoi mon père répondait : « On a merdé, on a merdé », à croire que lui-même était impliqué dans la mission, qu'il allait faire l'objet d'une enquête. Je ne comprenais pas grand-chose à tout ça. Certes, la Marine nationale avait été mise à contribution, équipant deux bâtiments de soutien de haute mer pour réguler la pollution, et Gérard continuait, même flic, à garder un œil sur les événements qui agitaient la marine, mais en dépit de ces explications, il restait quelque chose d'incompréhensible dans sa fixette sur le drame de ce pétrolier maltais, une obsession dont je ne comprendrais le sens que des années plus tard.

Les jours qui suivirent, dans tous les kiosques et sur tous les journaux, on contemplait la photo prise par Stéphane Marc, un photographe de la Marine nationale, montrant le navire rouge et noir en train de plonger, façon *Titanic*, dans une mer gazeuse. Une photo pareille à une peinture classique. Surnaturelle, magnifique et dégueulasse. Que, le soir même, Gérard allait arracher de la première page d'*Ouest-France* – devant mes yeux – avant de jeter le reste du journal aux ordures, histoire qu'Annie ne tombe pas dessus.

Bientôt, je me mis à dessiner des bateaux qui saignaient.

C'est aussi simple, aussi bizarre que ça : au verso des feuilles administratives que me donnaient mes parents en guise de brouillons, je dessinais, comme tous les enfants, des voiliers aux formes géométriques nettes – un rectangle, un triangle –, sous la coque desquels j'ajoutais, me distinguant en cela de mes camarades, non des vagues bleues, mais des traces rouges et, grosses comme l'empreinte de mon auriculaire, des gouttes bordeaux. C'était toujours le même bateau, les mêmes traces de sang.

Un imaginaire morbide, dont, quand elle le découvrit, ma mère préféra n'en rien dire à personne. Ni à son mari, ni à sa fille, ni à quiconque. La chose se répéta, une fois, deux, trois. Et prévenante comme elle savait l'être, prenant sa voix de mère apeurée mais responsable, Annie se décida à ouvrir un dialogue.

— Lou, tu sais pourquoi tu as ajouté du rouge à ton bateau ? me demanda-t-elle, un soir avant le dîner.

Bien entendu, je niai – et si, comme elle me le confierait plus tard, la vivacité avec laquelle je remuai la tête bouleversa ma mère, elle n'osa toutefois pas insister. Elle finit par en parler à Gérard; avait-il remarqué que sa fille dessinait ces bateaux sanglants? Non, répondit-il, il n'en avait rien vu. Mais comme le phénomène s'amplifiait, que les bateaux flottaient sur une mer d'hémoglobine, bientôt Gérard assura à ma mère qu'il allait s'en charger. Il la connaissait, sa petite, il saurait lui redonner le moral. On n'allait quand même pas laisser la tristesse l'emporter.

— Allez, lâche tes stylos, on part à la mer, mon Lou. Il faut juste, avant cela, que je passe récupérer quelque chose au travail. Ça te dit, une virée express au commissariat?

16

Le bâtiment de l'hôtel de police de La Roche-sur-Yon, avec ses lettres en or cendré se détachant péniblement d'un ensemble ocre, semblait avoir été construit d'après les plans d'un écolier. Sur la droite de l'entrée, un drapeau à la mine rabattue, le tissu tirant vers le bas, flottait sans y croire. Sur la gauche, des fenêtres basses et grillagées attestaient l'inhospitalité des lieux. Et devant tout cela, en pause-clope, deux fonctionnaires fumaient : La Flemme et La Bouée, fidèles à eux-mêmes, crâne dégarni, uniforme noir aux lettres majuscules qui avaient, un jour, dû être phosphorescentes. La Flemme, La Bouée, leur bedaine d'un éternel lendemain de réveillon et leur air blasé. La Flemme, La Bouée et leur ennui.

— Salut, les gars, la forme ? J'ai emmené ma fille pour qu'elle voie à quoi on ressemble. Je dois récupérer des papiers, vous lui faites faire un tour ?

La Bouée, que j'avais déjà rencontré et dont les sourcils étaient un monde, se désigna volontaire et, avec La Flemme, qui n'avait rien de mieux à faire, me fit visiter les lieux. Des bureaux, des papiers désordonnés et trois PC couleur rat, des murs beiges pleins de traces caoutchouteuses, un talkie-walkie gigantesque, une boîte de mouchoirs vide et deux paquets de chocolats entamés. Et puis une certaine atmosphère.

Une atmosphère renfermée, comme si les locaux de la police locale n'abritaient pas tant le secret ou l'horreur de la violence civile que quelque chose de bien pire, de bien plus mortel et de plus contagieux – comme si ces lieux cristallisaient en leur sein *tout l'ennui de la ville*. Pourtant, ça s'agitait dans les locaux, les civils allaient, venaient, et les policiers marchaient vite, s'efforçant de répondre à tous les appels : ici un éleveur de perroquets était persuadé d'être la cible d'un cambriolage, là une vieille dame venait de se faire voler l'autoradio de sa voiture, là encore, une urgence, une vraie, un viol, une jeune femme en larmes coudoyait un homme atteint d'Alzheimer qui appelait pour demander son chemin. Il y avait assurément, par ici, de l'action et du mouvement, seulement la lenteur administrative, les contraintes judiciaires et le mépris ordinaire des citoyens qui planait sur les bureaux formaient, au-dessus des têtes, des sortes de nuages gris et dévitalisés – une brume invisible à l'œil nu qui, pourtant, envahissait tout un chacun.

Les vitrages structurés dont étaient faites les rares fenêtres obstruaient aussi la lumière, filtrant les rayons du dehors de sorte que toutes les pièces paraissaient peuplées d'un même air mat, qu'une petite lampe halogène en fond de salle ne parvenait pas à éclaircir. Tout, dans les trois pièces de ce commissariat modeste où il ne me fut donné de voir ni de sentir aucune adrénaline et aucune arme, pas plus de menottes que de cris, tout, dans ces bâtiments de fonctionnaires plus que de policiers, transpirait l'abattement. Et La Flemme avait beau m'inviter à tourner sur son fauteuil pivotant, j'étais triste.

Une chose, pourtant, parvint à me réveiller. Sous la fenêtre, à droite, trônait une machine intrigante que j'avais déjà vue à la télévision, dans les séries aux couleurs délavées que regardait Gérard. C'était un engin à détruire les documents, qu'on appelait, dans les foyers, la déchiqueteuse, et que les flics, eux, surnommaient la *lacéreuse*. Celle du commissariat, grise et de la marque Budget, pouvait réduire en fines lamelles n'importe quel document jugé sensible. La Flemme me l'expliqua avec une assurance retrouvée : cette impressionnante machine, que je voyais là-bas, protégeait la confidentialité des lieux. Cela faisait un bruit d'ogre, pendant quelques secondes, puis cela se taisait. La lacéreuse gobait tous les secrets. Et depuis que je scrutais aperçue, je fixais cette machine capable d'avaler les mystères de la police. Je voulais l'essayer.

— Ah, tu veux nourrir l'engin ? fit bientôt La Flemme, d'une intonation à la fois paternaliste et mièvre qui me déplut.

Puis, trop content d'avoir trouvé à m'occuper, il me fournit des munitions : deux ou trois feuilles volantes qui traînaient sur un bureau, où avaient été griffonnés des numéros de portable, un croquis de visage esquissé à la faveur d'un coup de fil barbant et, bien entendu, un jeu de morpion. Un griffonnage sans élan, que je m'empressai de soumettre à la machine. Il y eut un bip très sonore. Puis, sous mes yeux, la lacéreuse avala le document et le recracha en une demi-douzaine de lamelles, mesurant bien chacune

trois ou quatre centimètres de large. J'étais atterrée.
On aurait facilement pu les recoller les uns aux autres,
ces papiers. Rien n'avait été détruit. Juste découpé.
On m'avait prise pour une idiote. C'était nul. Nul.
Heureusement, Gérard apparut bientôt à la porte de
ce grand bureau décevant. Il allait me sauver.

— Bon, j'ai promis à Lou que je lui montrerais les
choses incroyables que nous savons faire ici. Elle ne
me croit pas quand je lui dis qu'on peut cacher de
l'argent dans nos muscles.

Vague sourire du côté de La Bouée, le cœur à autre
chose.

— Vous n'avez pas l'air très disposés, pas grave. Je
m'en charge. Prêt pour un peu de magie, moussaillon ?

Et pour qu'on ne puisse pas l'accuser de triche, il
demanda à La Bouée de lui prêter une pièce de cinq
francs, talisman d'argent. Puis, après me l'avoir fait
examiner de près, il releva sa manche gauche et, de
la main droite, commença à appuyer le métal contre
son biceps, de sorte, à force de persévérance, à le faire
tout à fait disparaître dans le muscle.

Comme dans une démonstration de culturisme,
sous les efforts réclamés par l'acte, son visage se
contorsionnait, rougissait, et ses traits se durcissaient,
ses sourcils en lutte, jusqu'à ce que la pièce tombe
à terre, éjectée, et qu'il s'excuse – «Pardon, elle est
robuste, celle-là» – et doive s'y reprendre à nouveau.
Ramasser la pièce, l'enfoncer, recommencer encore
et encore, insister, jusqu'à ce que, acteur génial, le
muscle de droite encore saillant et celui de gauche
traumatisé, mon père relève les yeux, épuisé mais fier,

tendant sa paume vide à mon intention : «Ça y est, elle est rentrée!»

À l'endroit de son insistance, en effet, je pouvais observer une marque blanche, auréolée de chair rougie. En quelques secondes, prétendait Gérard, la plaie avait eu le temps de se refermer. Seulement, va savoir pourquoi – était-ce d'avoir été désillusionnée par la lacéreuse quelques instants plus tôt ? –, au moment où Gérard me montra son bras, j'eus un soupçon. Je sentis le *truc*. Je me repassais le film et quelque chose ne collait pas. Il me fallut imaginer de nouveau la scène une, deux, trois fois, et je saisis. Au moment où la pièce était tombée à terre, Gérard ne l'avait pas récupérée de la même main. Il avait triché. Le talisman n'était pas allé se nicher dans son bras gauche : il l'avait gardé dans sa main droite. Puis il avait fait semblant d'avoir mal. Il m'avait manipulée, songeais-je. Il ne savait pas faire disparaître les pièces : il savait juste les faire tomber. Et alors que je cogitais tout cela, mon père s'approcha de moi – «Mais que vois-je derrière ton oreille, mon Lou?» – et, victorieux, il prétendit sortir cinq francs de ma peau.

Je regardai Gérard, son grand sourire, et n'osai pas le décevoir, alors je poussai une petite exclamation de surprise et de joie mêlées :

— Comment t'as fait ça ?

Jouant une comédie légère, je m'efforçai d'avoir l'air crédule, mais au fond rien n'y faisait : je ne parvenais pas à me défaire de la médiocrité du décor, de la bedaine des collègues, du cafard sur leur visage et dans le col de leur chemise. Leur ennui et, enrobant celui-ci, leur tristesse paraissaient être une substance glaireuse qui menaçait à tout instant d'infiltrer mon propre corps. La poussière s'accumulait sur ces gros cubes gris qu'étaient leurs ordinateurs. Les piles de documents, tout autour, semblaient avoir été amassées depuis des décennies. Les poubelles, n'être jamais vidées. Une peau de banane avait eu le temps de virer au noir complet. D'instinct, je le sentis : il fallait que, de tout cela, je me protège. Ma poitrine se serra et, comme on tire une alarme en désespoir de cause, je tirai sur la manche de mon père, lui suggérant qu'on y aille.

Gérard ne me jeta pas un regard, mais – comme s'il tenait à aller au bout de ce qu'il avait commencé – se tourna vers son collègue avec un aplomb forcé.

— Tu la veux, ta pièce, ou bien on peut la donner à Lou pour la féliciter ?

Et comme La Flemme ne pouvait évidemment pas refuser, Gérard me tendit la pièce comme si elle était la seule et véritable chose à retenir de cette excursion au boulot. Un bouclier contre la morosité des lieux.

— Tiens, Lou, cinq francs. La vraie magie, aujourd'hui, c'est que tu as gagné des bonbons.

Gérard, alors, de saluer ses collègues en traçant avec son index une ligne reliant son crâne à l'air, puis de s'élancer dans le couloir, chantonnant, exagérant une joie qui n'avait pas lieu d'être, s'acharnant pour que le gris ne l'emporte pas. Gérard, vaillant dans les locaux glauques de la police, et moi qui ne rêve que de retrouver la mer.

17

L'air marin était l'avantage majeur de notre Vendée. Si mon père aimait ce département à la démographie moyenne et vieillissante, c'était avant tout pour ses paysages poreux où plage et forêt se contaminent. Quand il était enfant, expliquait-il, la forêt fut son monde, puis la mer l'avait appelé et il avait fallu faire un choix. Il s'était déplacé. Mais sur le littoral ouest, tout se réconciliait : les forêts de pins étaient implantées à même le sable ; le végétal et l'eau salée se confondaient. Ce qu'on appelait les « coulées vertes » avait été construit de toutes pièces, pour fixer les dunes et rendre les marais cultivables en les asséchant. Le vert rencontrait le jaune, et on croisait fréquemment des chevaux qui, après une promenade au trot au milieu des pins maritimes, rejoignaient au galop le sable mouillé et l'écume des vagues. Leurs hennissements triomphaux nous arrivaient parfois aux oreilles et, à force, ne nous faisaient plus même sourire. Du fait de ce panorama singulier, vies animales et végétales supplantaient au quotidien la vie sociale. Dans mon enfance, les soucis de bateau, de cheval ou de sanglier prévalaient sur les questions de mobilier urbain, de parking ou de centres sociaux.

La mer figurait un idéal de vie. Mieux qu'une maison coûteuse, qu'une famille élargie, qu'une carrière : la mer. Tout ce qui y touchait prenait dans la bouche de Gérard des airs de formules magiques. Les ions négatifs qu'on pouvait y respirer et dont je ne m'expliquais pas qu'avec un nom pareil ils soient si bons pour la santé. Les algues, ces organismes vivants capables de photosynthèse oxygénique, dont le magnésium et l'iode naturels pourraient venir à bout de toutes nos maladies si seulement on savait les apprécier. La houle et les vagues, reflets de notre âme. Le sable enfin, trésor éclaté qu'il fallait étudier – bien attentivement, amiral –, ce sable qui cachait des paillettes d'or.

Parfois, nous partions nous perdre à deux. Sans Annie, nous allions ramasser des pommes de pin ou glisser nos pieds dans l'eau. Nous emmenions Pluie et Amphitrite dans nos promenades, les faisant parler. À l'abri des regards, Gérard me racontait leurs vies. Une fois, il sortit son arme sur la plage de la Pège. Il me fit un clin d'œil : «Puisque tu sais...», et loin de tout, au bord de l'océan Atlantique, il tira en l'air.

Un bruit sec, intense. Un silence.

Et puis mon père se mit à rire, sincère.

Après, il me regarda comme si nous venions ensemble de faire une farce à la plage, rangea son pistolet sous sa veste et, son index posé verticalement sur sa moustache, me fit jurer de ne jamais répéter ce que je venais de voir.

Un nouveau secret. J'étais d'accord pour le garder.

Astérix et Obélix en quête d'aventures, nous nous étions alors tapés dans la main et avions rejoint la voiture. Un des moments que je préférais, c'était quand nous quittions l'autoroute pour emprunter des routes plus cabossées, jouxtant le jaune des champs d'orge et de colza, le vert du maïs, des blés, des pois, le bleu des pavots ; départementales bucoliques ignorant la ligne droite et bordées de chênes derrière lesquels il n'était pas rare d'apercevoir un étalon ou un sanglier. Ces chemins de traverse étaient censés nous assurer des émotions plus fortes, plus intègres que l'autoroute, que mon père semblait juger vendue au grand capital et aux puissants – trop lisse, l'autoroute, trop propre sur elle pour être honnête.

Devant et à côté de nous, dans ces moments, rien d'autre que des végétaux, de l'air, une immensité vide. Plus de béton, plus de constructions, la nature reprenant ses droits. Mais tout de même des panneaux ici et là, sur le rebord de la voie, cernés de bouquets de fleurs fanées, de plastique et de tissus usés, rappelant des morts d'enfants, des accidents contre les arbres. Leurs vies contre celle du monde végétal. Jamais nous n'évoquions ces bouquets, ni ces morts. Je sais pourtant que mon père les voyait, mais, durant nos excursions, seuls valaient l'extase des routes tortueuses et l'enthousiasme de la vie sauvage.

Au diable le chagrin, seule valait notre liberté.

L'éducation globale que Gérard m'inculqua tenait moins à savoir comment vivre en société qu'à apprendre comment survivre en forêt ou près des océans, sur une zone de guerre. Dans notre ville calme, mon père tint à me montrer comment vivre en milieu hostile. Je tenais ainsi un carnet des marées, un abécédaire des oiseaux et des plantes sauvages. Pour mes sept ou huit ans, il m'avait offert un canif. M'avait expliqué, aussi, comment faire des nœuds de marin et comment décrypter les plantes-boussoles, ces laitues qui dirigent leurs feuilles selon l'axe nord-sud, et permettent, en l'absence d'outils d'orientation, de se repérer en forêt.

Survivaliste avant l'heure, mon père se méfiait d'un monde moderne qu'il embrassait pourtant de toutes parts, lui qui, dans un paradoxe décomplexé, clamait à tout-va adorer les hypermarchés, les halls d'aéroport et Internet – qu'il avait eu avant tout le monde, qui faisait de lui un homme moderne, un vrai. «C'est génial, c'est vrai», disait-il à propos des machines en général et de l'ADSL en particulier. Puis il se reprenait, sûr de son fait : «Mais ça ne durera pas.»

Force est de reconnaître qu'il avait anticipé quelque chose.

18

Quelque temps après, il me parla de l'avant.

Un mercredi, alors que nous allions chercher la viande de cheval pour le repas, il eut besoin de me raconter le naufrage. Son ton, confidentiel, ressemblait à celui qu'il avait pris pour m'entretenir de son arme. C'était avec ce ton, aussi, qu'il disséquait ses disputes conjugales. Sa voix plus basse qu'à l'accoutumée, il m'en parla dans cette bulle – ce monde à part – que semblait représenter la voiture à ses yeux. Près d'un marchand de journaux, où il venait de descendre pour acheter la revue *Bateaux*, il garda la clé sur le volant, prêt à redémarrer, et se tourna vers moi pour demander :

— Veux-tu que je te parle de l'accident ?

Je revois, autour de lui, une assemblée de mouettes semblant boire ses paroles. Gérard avait une forte sympathie pour ces oiseaux et, à qui s'en plaignait, il répétait : « Mais les as-tu bien regardés ? Regarde bien ces oiseaux. » Puis il leur souriait, comme persuadé d'avoir trouvé dans ces volatiles des complices éternels.

— Veux-tu que je t'en parle ?

Je secouai la tête, sortie de ma rêverie.

— Affirmatif, capitaine.

Et il commença :

— C'était en août 1989 à Marseille, près des calanques. Tu connais les calanques ?

« Il faudrait que je t'y emmène un jour. C'était près des calanques, on était avec les enfants et Ingrid, mon ancienne femme – tu ne l'as jamais connue, Ingrid, on n'est pas restés en bons termes, mais tu l'aurais sans doute trouvée belle, c'était quelque chose. On venait de déjeuner tous les quatre, avec Jean et Rebecca, il avait fait grand soleil ce matin-là, je m'en souviens parce que, juste avant d'aller au resto, les petits avaient joué à attraper leurs ombres, tu as déjà essayé de faire ça ?

« C'est impossible d'attraper son ombre, ça rend fou, et ils avaient été rendus fous à force de se courir après, ça les avait crevés, les petits, alors on avait dit : allez, on va au resto se requinquer, et pendant qu'on mangeait, le temps dehors s'était gâté, t'as toujours des journées comme ça dans le Sud, où le soleil couve quelque chose. Le ciel était devenu noir et il avait commencé à pleuvoir, mais c'était pas bien grave non plus, on avait prévu d'aller faire un tour en bateau et on n'allait pas annuler pour si peu. Vous voulez quand même qu'on aille faire du bateau ? j'avais demandé aux enfants. Jean et Rebecca avaient hurlé : ouiiiiiiiiiii, ils essayaient toujours de parler plus fort l'un que l'autre, ah je te jure, c'était toujours la compèt' entre eux, et après manger, on avait donc rejoint mon petit bateau pêche-promenade acheté d'occase peu de temps avant, c'était un sacré machin, une affaire en or, un cinq mètres cinquante en bois, même pas l'équivalent de cinq mille balles, c'était juste histoire de leur montrer la mer, tu vois, les sensations qu'on a, bon, et Ingrid était pas sûre de vouloir monter dessus ce jour-là, elle a toujours été trouillarde. C'est pas une petite pluie qui allait nous faire peur, j'ai dit, et d'ailleurs vous savez ce qu'on lui fait, à la pluie ? j'ai demandé aux enfants. Un croche-patte ! Ils m'ont répondu en riant. On se connaissait par cœur, eux et moi, alors on est montés sur le *Carpe Diem*, et bientôt on a entendu le ronronnement du moteur : le bateau est parti, tranquillement, et la pluie, rien à faire, on lui faisait un croche-pied, tu vois le truc ?

« Je conduisais bien sûr, j'adorais ça, conduire – voitures, chevaux, scooters, navettes, tout, j'adorais ça, les engins, la glisse, la vitesse, mon Lou, tu sais ça. Sauf que, là, la navette déconnait. Je peux te l'assurer, même si personne n'a jamais voulu me croire depuis, au bout de trois quarts d'heure de mer, la navette s'est mise à déconner sec. La pluie était de plus en plus forte, et le moteur a progressivement cessé de ronronner sous nos pieds, alors qu'on devait être à quoi, neuf cents mètres, un kilomètre du rivage ? On n'était pas loin, vraiment pas loin, mais la mer commençait à merder, j'ai vu une vague submerger l'arrière du *Carpe Diem*. Il prenait l'eau. Alors, j'ai dit aux enfants : vous venez dans la cabine, tout de suite, vous venez. Ils savaient pas bien nager, Jean et Rebecca, pas comme toi, ils étaient moins forts alors j'ai voulu les protéger. Je maîtrisais. Je les ai enfermés derrière la vitre de plexi, le temps que ça passe, le temps d'aller voir ce qui déconnait dans le moteur. Ingrid était en train d'appeler les secours et ça m'a énervé qu'elle ne me fasse pas confiance, qu'elle soit là, aussitôt, à appeler à l'aide, j'ai voulu lui retirer son téléphone des mains, et c'est là que la deuxième vague est arrivée. Le bateau s'est retourné. D'un coup. Ma tête a cogné contre la coque, je n'ai pas compris ce qui se passait, mais les petits étaient toujours dans la cabine et j'ai pensé : bien joué, amiral, les petits sont au chaud.

« Oui, pendant une seconde, j'ai pensé : bien joué.

« La seconde d'après, tout le monde était mort.

Voilà ce que m'a dit mon père pour me parler du naufrage. Il ne m'a pas dit s'il se sentait responsable de ce qui s'était passé, ni précisé que, juridiquement, il l'était. Il n'a pas parlé de sa coque, vieille de quarante-neuf ans, pas aux normes. Pas évoqué le rapport qui parlait d'un « excès de confiance en son navire ». Il ne m'a pas expliqué que Jean avait frappé contre la vitre de la cabine fermée au point que ses phalanges avaient été retrouvées ouvertes, sang mêlé à la mer. Il ne m'a pas dit non plus que Rebecca était en arrêt cardiaque quand les secours l'ont repêchée, une petite fille encore bleue, qu'on avait cru pouvoir sauver. Il ne m'a pas raconté les cris sur la plage, les larmes qui se mélangeaient à la pluie, à la mer, le liquide qui avait pris toute la place. Il m'a tu les touffes de cheveux d'Ingrid arrachées. Ne m'a pas dit que lui avait été sauvé in extremis de la noyade, qu'on l'avait retrouvé dans le coma, un poumon abîmé, un rein à jamais saboté. Il ne m'a pas précisé ce qu'il avait éprouvé en se réveillant. Ne m'a pas dit s'il s'en était voulu, ni s'il s'était pardonné. Il ne m'a rien dit de sa mère, rien dit de l'hôpital, rien dit de son chagrin, de son déménagement, de la vie qui avait changé. Il m'a dit les faits. Il a ajouté : c'est bien que tu le saches. Il a laissé un silence avant de lancer :

— Le mieux, c'est de ne pas trop en parler.

Et puis il a redémarré.

19

De tout cela, je n'ai jamais reparlé à personne. Je repensais à l'arme, à Jade et à la tristesse d'éventer un secret. Je préférais me taire. Une technique de survie d'enfant, c'est de se faire tout petit. Quand on vit cerné de problèmes, mieux vaut ne pas en être un soi-même. Alors de mon côté, comme en pays étranger, j'étais sage, réservée, bonne élève pour la forme et sans conviction. Bonne danseuse, surtout, car en mon for intérieur, le deal était clair : si j'avais choisi ce sport de fillette, il fallait que j'y excelle. Alors je lisais, jouais seule, attrapais des escargots le samedi et me contorsionnais pour saisir mes pieds en pliant le moins d'articulations possible. De taille, je n'étais pas haute, pas bien épaisse, discrète. J'aurais voulu me faire plus petite encore : certains silences sont des stratagèmes pour rapetisser.

La seule personne à qui je me confiai, en quinze ans, fut Ardent. Dès que mes parents avaient le dos tourné, je m'approchais de son panier et lui disais ma vie comme s'il eût été un journal intime qui bave et qu'on caresse. Sur les feuilles qu'on nous demande de remplir à l'école primaire, à la question « Avez-vous des frères et sœurs ? », je répondais toujours oui, un chien, ce qui ne manquait jamais de faire sourire les professeurs, avec une condescendance légère qui me déprimait déjà à huit ans. Parce qu'au fond la réponse que je donnais était la bonne. Encore aujourd'hui, je me souviens d'Ardent comme du frère que je n'aurai jamais.

Arrivé dans la famille sur une idée de mon père, le chien avait été choisi en raison, je cite, de son air « nonchalant de flic désabusé ». De fait, c'était un malinois au museau tombant, dont l'une des deux oreilles n'était jamais parvenue à tenir en l'air et s'affaissait donc contre sa gueule, l'air de s'en foutre – ce qui, cette asymétrie de la tête, cette imperfection de la race, compensait sa rudesse de berger et lui donnait un air sympathique de commissaire un peu foutraque, qui joue aux durs mais porte des cravates à motifs. Ardent avait un corps gauche et innocent, le corps souple de qui ne fera jamais de mal à personne, et ce grand corps poilu était tout pour moi. La manière qu'il avait de se rouler sur lui-même, de s'attraper la truffe avec les pattes, de s'étirer de tout son long au sortir de la sieste. C'était un corps élastique, aux antipodes de celui de Gérard. Un corps de danseur que j'enviais.

J'aurais voulu pouvoir aussi me contorsionner, m'attraper la queue et me rouler en boule pour dormir dans un monde hostile. Laisser la joie m'envahir, sauter en l'air pour fêter les gens que j'aime – tout brûler pour une balle. Une des activités préférées de ce chien consistait à se regarder dans le miroir de notre couloir d'entrée un long moment, se toisant, l'œil menaçant ou rieur, on ne savait pas bien, puis à donner des coups de patte à son reflet comme pour le défier. Lui qui, vis-à-vis de tous les autres chiens, dans les rues et les parcs, était d'un pacifisme suspect, semblait éprouver une rage à l'égard de sa propre image. Comme si, dans le miroir, c'était à la pire partie de lui-même qu'il accédait, contre elle qu'il se battait.

De manière analogue, quoique inversée, Gérard se regardait dans le miroir avec un désir inouï, nous précisant qu'il voyait bien comment les hôtesses d'accueil ou les serveuses de bar le dévisageaient de manière générale, il décelait ce désir immense qu'il suscitait. Il devait avoir, à la manière d'un chien, une vision déformée de lui-même, s'extasiant devant la glace comme s'il désirait ardemment un autre que lui.

Durant ma petite enfance, Ardent fut d'abord un sujet de controverse entre mes parents : ma mère aurait préféré un chat, mon père aimait «la gueule et la loyauté des chiens», ces alliés incontournables des forces de l'ordre, dotés d'un flair exceptionnel, ces meilleurs amis de l'homme. Ardent vint donc vivre chez nous quand il devint trop âgé pour le commissariat, n'ayant pas, après son éducation, réussi ses concours d'entrée. Il avait deux ans. J'en avais cinq. Non seulement Ardent m'apparut aussitôt comme un complice affectueux, mais il était de surcroît un agent admirable, un chien éduqué pour lutter contre le trafic de drogue. Formé à La Havane à de grandes séances de jeux antinarcotiques, il avait rejoint notre maison en 1996, et mon père le présentait à tout le monde – voisins, collègues, commerçants – comme un miracle, un *dog* d'exception, lui inventant au passage, comme il le ferait plus tard avec nous, quelque passé dans une brigade antistup où il avait réussi de belles prises de plus d'une tonne de résine de cannabis, pour ne citer que cela.

Avec le recul, je devine que la biographie de mon chien fut réécrite par l'imaginaire paternel. Sans doute qu'Ardent, durant sa courte carrière de chien-flic, n'avait qu'été caressé sous le museau par quelques fonctionnaires ventripotents et sarcastiques qui rabâchaient avec humour qu'aux hommes ils préféraient les bêtes – n'empêche que cette légende canine inventée par Gérard me fit porter sur mon chien un regard admiratif. Je respectais la bête.

Les premiers mois, Ardent fut voué à Gérard, qui l'adorait en retour et le gavait sans cesse de friandises marron à l'agneau et aux cranberries («Même nous, on en mangerait !»), puis, la vie passant, Gérard s'absenta, d'abord un peu, puis de manière exponentielle. Et Ardent, faute de repères, commença à nouer une relation spéciale avec Annie et moi, se redressant pour nous protéger au moindre coup de vent contre la fenêtre, s'allongeant sous nos pieds quand nous regardions la télévision, poussant le vice jusqu'à apporter à ma mère ses chaussons quand elle rentrait à la maison (Annie, si fière d'avoir su ainsi le dresser). Alors Gérard, constatant qu'il n'était plus l'unique objet des folles salutations d'Ardent quand nous rentrions à la maison – se jetant sur nos genoux, se frottant à nos mollets –, Gérard, de n'être parfois plus que le deuxième ou le troisième à qui le chien venait dire bonjour, Gérard, de perdre sa relation privilégiée et exclusive à son chien, s'en détacha quelque peu. Ce n'était qu'un animal, après tout.

À mon sens pourtant, Ardent était bien plus que ça. Preuve en était l'embarras que j'éprouvais quand, nue, je voyais mon chien entrer dans ma chambre et observer mon petit corps. Honte double : à la fois d'être vue par Ardent *nue comme un animal* et honte d'avoir honte, ma pudeur devant cette bête nue par essence n'étant pas justifiée. Mais peut-être cette gêne instinctive devant le chien était-elle une réaction à l'impudeur miroir de mon père, qui jusqu'à tard dans mon enfance se promenait nu comme un ver dans notre maison, imposant à notre foyer une ambiance de vestiaire décomplexée ; sa nudité comme gage de franche camaraderie, son sexe flottant dans son entre-jambe pareil à un mollusque chambreur. Un copain mou, semblable aux escargots que je faisais courir sur les statues de pierre de mes jeunes années.

20

Devant notre jardin, un beau matin où ça lui prit «comme une envie de pisser» (aurait commenté Annie), mon père installa un panneau «ATTENTION CHIEN MÉCHANT». On eut du mal, avec Annie, à refréner notre rire tant l'épithète était à l'opposé de la bonhomie d'Ardent. Ni ma mère ni moi-même, toutefois, n'osâmes vraiment demander à Gérard pourquoi il avait fait ça. Sans doute parce que nous connaissions la réponse. Le narcissisme de mon père était si puissant que nous n'osions plus le souligner. S'éloignant d'Ardent, il le réinventait. Comme il aurait rêvé qu'il soit, non pas un chien, mais le *sien* : sa création idéale et irréelle. Chien méchant, attention. Et puis, vers mes dix ans, Gérard commença à maltraiter notre chien.

Ce fut d'abord un changement vocal : il ne parlait plus à Ardent avec la même voix, la tendresse avait été chassée par un ton où ne demeuraient qu'autorité et singeries, en alternance. Ensuite, ce furent les croquettes à l'agneau : à Annie, Gérard demanda de prendre la responsabilité quotidienne de nourrir le chien, lui n'avait plus le temps. Ce fut ensuite un rejet physique. Sitôt arrivé à la maison, Gérard se débarrassait de notre malinois d'un coup de jambe, n'hésitant pas à projeter l'animal dans le couloir, comme si, en place d'une bête conciliante et apeurée, il s'agissait désormais pour lui d'une balle-boomerang.

— Mais tu ne veux plus vivre avec ce chien, en fait ? avait un jour fini par demander Annie depuis la cuisine et en tablier, sans même prendre la peine de se retourner, alors qu'elle venait d'entendre pour l'ixième fois Gérard pousser du pied et la porte d'entrée et Ardent.

Et mon père de répondre – pas surpris, jamais surpris, arguant depuis l'enfance qu'il n'est rien de mystérieux en cette terre que la mer –, Gérard, sans non plus se donner la peine de regarder son épouse, mais retirant plutôt ses chaussures d'un geste vif, par le talon :

— Je veux bien vivre avec, mais je ne veux pas *l'entendre*.

À cette époque déjà, Ardent semblait incarner la mauvaise conscience de Gérard. Ce malinois lui pesait. Moralement, physiquement : il l'incommodait. J'ai longtemps cru que, pour une raison qui m'échappait, Ardent n'était plus conforme aux attentes de mon père. Que, trop animale ou réelle, son affection entravait la liberté de mouvement de ce dernier. Que s'il voulait s'en débarrasser, c'était pour regagner en puissance. Aujourd'hui, je crois qu'autre chose se jouait.

Je revisite les élans joyeux et brutaux de Gérard, sa manière de serrer la mâchoire et de sourire jusqu'à la grimace quand il était attendri par quelque chose, je crois sentir ses odeurs aussi, et ce rire qui était comme un aboiement aux oreilles des gens bien éduqués, je revois son physique et je piste l'animal en mon père. L'espèce de chien sauvage qu'il était et ne supportait pas de devoir masquer. J'en viens à penser que son attitude vis-à-vis d'Ardent relevait d'une vengeance mimétique. Qu'il violentait le chien comme on martyrise plus petit que soi, pas tant pour s'en débarrasser que pour venger, par n'importe quel moyen, sa tristesse de n'être pas plus libre soi-même. Je revois Gérard assister aux combats que menaient les chiens dans la rue, et je l'entends à nouveau aujourd'hui encourager Ardent à attaquer ses congénères, vas-y bouffe-le, putain bouffe-le, vas-y, je l'entends hurler sur les chiens comme s'il rêvait d'en être, allez attaque, fous-le en l'air, vas-y, je l'entends aboyer, comme disait ma mère, comme s'il était en concurrence avec les autres, comme s'il voulait hurler avec les loups.

Gérard identifiait, je crois, quelque chose de lui-même dans la présence de ce chien, dans ses *crises*, et de folie et de joie, dans ses élans sauvages, pareils aux siens.

Et il ne le lui pardonnait pas.

21

Il y eut un épisode terrible.

C'était l'été, juste avant mon entrée en sixième, à la fin d'un mois d'août qui ne me laisserait que des souvenirs d'attente et d'eau salée. Je détestais les étés parce que, en dépit de mes efforts pour provoquer l'aventure, je m'y ennuyais terriblement. Sans frère ni sœur, je passais juillet et août avec mes parents et des chouchous achetés sur le sable, la tête dans les livres ou essayant, mais toujours péniblement, d'échanger quelques mots avec les autres enfants de la plage, qui n'avaient jamais besoin de moi comme j'avais besoin d'eux et que, pour n'être pas humiliée de cette asymétrie, je m'arrangeais pour trouver décevants, manquant de ce qu'avec une fierté mièvre j'appelais «la densité intérieure» – la solitude, au fond.

Gérard travaillait au commissariat ce jour-là et, comme chaque soir, nous l'attendions pour manger quand le soleil «commençait à fatiguer», comme disait ma mère. Seulement, à 19 heures, le patriarche n'était pas là. Nous avions attendu d'abord quinze puis trente et quarante minutes, et Annie avait cédé, allez, après tout, ça serait sa faute, «On mange!». On avait donc mangé, quelque salade à base de carottes et garnie, éternelle joie d'enfant, de morceaux de cornichons disproportionnés. Et puis on avait débarrassé. On avait pris une infusion à la cannelle avec une cuillerée de miel, pas plus, tu vas t'habituer au sucre. On avait ralenti chaque geste, dans l'espoir que Gérard surprenne notre fin de repas et nous rejoigne à table. Annie avait cajolé Ardent et été jusqu'à lui donner un cornichon entier. On avait fait traîner, guettant le moindre pas dans l'allée devant la maison, le plus petit mouvement de volets, espérant un événement infime, un bruit dans le décor – mais rien n'était arrivé. À 20 heures, mon père n'était toujours pas à la maison. À 21 heures pas davantage, et ma mère était allée promener Ardent en pestant qu'il aurait tout de même pu envoyer un texto pour prévenir qu'il rentrerait si tard. À 22 heures, elle m'avait suggéré d'aller me coucher avec le soleil, allez, les heures avant minuit comptent double. Quant à mon père, que je ne m'en fasse pas, il avait dû avoir un problème au travail, il arrivait.

Un peu avant 23 heures, il y eut un bruit sourd dans la rue.

Gérard, essayant de garer sa voiture, avait cogné dans le portail bleu devant la maison. Annie s'était précipitée à la fenêtre, «Tout va bien?»; depuis ma chambre, je n'avais pas entendu de réponse. Tout, ensuite, s'accéléra. Bientôt mon père fut là, dans le couloir, éléphant dans un boyau. Ses yeux ne fixaient rien, semblant regarder partout à la fois. Il était là mais ailleurs : ivre comme je ne l'avais jamais vu, lui qui d'ordinaire avait surtout l'alcool intense, l'alcool fréquent mais passionné, l'alcool déconnant. Ce soir-là, Gérard ressemblait à une quille de bowling hésitante, tanguant dans le désastre et se cognant aux murs. Son visage n'était plus son visage, l'alcool l'avait froissé. Sa moustache paraissait drue, ses paumes, vides, semblaient armées.

Annie, tout en caressant notre chien qui, par instinct, gémissait doucement, commença par faire des reproches à mon père, « Tu as vu ton état ? », mais on sentait bien qu'elle tentait de masquer sa frayeur, qu'elle jouait au professeur, alors que son pouls battait comme celui d'un animal piégé. Gérard le sentit sans doute aussi et, fidèle à lui-même, traqua la vulnérabilité de ma mère pour l'attaquer au cœur.

— Pourquoi tu gueules comme ça ? Tu aimerais bien que je te frappe, n'est-ce pas ?

Et après un temps :

— Ça te donnerait des preuves.

Elle commença alors à pleurer, ou plutôt à gémir de concert avec le chien et lui, écœuré par ces bruits qu'il ne supportait pas, essaya de soutenir le regard de sa femme, mais n'y parvint pas, aliéné par l'excès de porc et l'accumulation des bouteilles. Cette confrontation molle et paniquée entre une femme et un homme du XXe siècle aurait encore pu durer un temps, puis ma mère aurait fini par se replier et mon père par s'affaler sur un matelas, cela aurait été désagréable, mais, à mes yeux d'enfant, pas si grave. Les couples comme ils vont, les drames courants des familles moyennes. Seulement, ici, il se passa quelque chose d'inhabituel. Comme si quelqu'un avait fait avance rapide dans le réel, mon père changea soudain d'objet d'attention et, se désintéressant de ma mère, s'en prit brutalement à Ardent.

Je regardais la scène par l'encadrure de ma chambre et, depuis cet angle précis, je vis l'inquiétude sur la gueule de mon chien se changer en panique. Gérard s'était penché sur lui pour le prendre au cou, comme s'il voulait l'étrangler, et désormais le soulevait par ce même cou, comme s'il s'emparait d'une bouteille de vin par le goulot. Comparaison approximative, puisque la nuque d'Ardent, loin d'avoir l'élan du goulot d'une cuvée de bordeaux, était un endroit ramassé et fragile, lien entre la grosse tête de l'animal et son corps pataud, un corps de vingt-deux kilos, le corps d'un chien qui, étranglé par la main de mon père, gémissait comme il n'avait jamais gémi, lui d'ordinaire si calme, si obéissant, si apeuré alors, Ardent. Ce fut la goutte de trop : sans même m'en rendre compte, je jaillis de ma chambre les joues rouges, les poings serrés.

— Papa, arrête !

Gérard ne se retourna même pas pour me regarder. Le chien toujours pendu à sa main droite, il se dirigea, de sa démarche de pendule, vers notre balcon.

Où il approcha Ardent de la rambarde.

Le monde s'immobilisa. Sans doute de peur que le chien ne prenne tout à notre place, ma mère et moi nous pétrifiâmes, contemplant cette scène d'horreur en priant secrètement pour qu'elle prenne fin. Nous suivions Gérard des yeux en faisant silence par instinct, si bien qu'un observateur extérieur arrivant chez nous à ce moment de la nuit eût pu croire que la décision de maltraiter Ardent était collégiale : que, par notre silence, nous étions complices de l'assassinat en cours de notre chien.

Mon père tenait désormais Ardent dans le vide, son bras tendu au-dessus du balcon, les vingt kilos tirant sur ses muscles d'ancien marin, la loi de la gravité réclamant que le chien s'écrase au sol et chute des quelques mètres qui l'en séparaient encore. Notre malinois poussait des cris aigus et étranglés et, depuis ma position, je pouvais le voir qui implorait mon père du regard. Le mélange de panique et de douleur dans ses yeux était pur, et c'est cette pureté, j'en suis convaincue, qui continuait de rendre fou Gérard. Si l'une d'entre nous avait à nouveau hurlé, à cet instant précis, notre chien aurait été lâché dans le vide. Il se serait répandu, écrasé, ses os, son sang, parmi les roses du jardin de ma mère. Il serait mort. Mais Annie et moi avions appris à ne pas ciller. Au contact d'un homme comme celui-là, on apprenait le sang-froid.

Si bien que notre silence en cet instant clé, notre terrible effort pour nous taire, prit Gérard de court. Il le surprit, sans doute. Il le calma, peut-être. Quoi qu'il en soit, comme se réveillant d'un mauvais rêve, il eut un geste de recul brusque et, non sans difficulté, l'alcool amollissant les muscles, il reposa le chien à terre – chien dont les cris hanteraient mes rêves pendant plusieurs mois, chien affolé dont les fesses s'écrasaient sous lui, chien qui ne parvint plus à avancer et qu'à la fin ma mère dut aider à retrouver son panier.

Il va sans dire que nous ne discutâmes plus de rien ce soir-là. On laissa Gérard et ses yeux hagards rejoindre la chambre parentale et s'affaler sur le lit pour s'y endormir, tout habillé. Où dormit Annie ? Alla-t-elle sur le canapé ? Dormit-elle seulement cette nuit-là ? On ne se parla pas. On ne s'embrassa pas non plus. Je retournai tout simplement dans ma chambre d'un pas affirmé, cœur tambour comme jamais, comme il battrait, plus tard, dans les boîtes de nuit, les studios de danse et les chambres sombres, m'efforçant de cesser de pleurer, de faire le moins de bruit possible, m'efforçant de grandir. Et une fois la porte de ma chambre refermée derrière moi, une fois la couverture rabattue sur ma tête, une fois mes yeux fermés dans la nuit, essayant d'ignorer les restes de gémissements de chien qui me parvenaient du couloir, je repensai à la scène et m'interrogeai : des preuves de quoi ?

22

Cette idée qu'on n'accusait pas sans preuves, sans doute parce que Gérard était flic, revenait souvent dans sa bouche.

— J'ai tout de même des bases en pénal, disait-il à ma mère, prenant son air emprunté de grand sachant – et je peux te dire que toute accusation sans preuve peut faire l'objet de poursuites judiciaires.

Il citait aussi William Backston avec orgueil : « Dix coupables en liberté plutôt qu'un innocent en prison, tu comprends ? »

Pour n'importe quel reproche d'Annie – un manteau traînant sans le salon, des chaussures sales et mal rangées, une lessive pas sortie, Gérard lui réclamait des preuves :

— Mais tu peux me prouver que mon manteau traînait dans le salon ?

— Non, je ne peux pas, je l'ai rangé, faisait alors Annie, lasse.

— Si tu ne peux pas prouver, tu ne peux pas accuser, rétorquait alors mon père, malin, me gratifiant parfois au passage d'un clin d'œil visant à établir entre nous une complicité virile dans le dos de ma mère.

— Quelle mauvaise foi, finissait-elle par soupirer, et même enfant je sentais dans ces trois mots une détresse qui les excédait largement.

Je sais aujourd'hui combien la mauvaise foi de mon père m'a aussi abîmée. Mais, à l'époque, je n'en savais rien et, dans ces moments-là, il me semblait tout à fait évident que le personnage sympathique, c'était lui, et non ma mère, que le héros du film, c'était Gérard, docteur en mauvaise foi, pour vous servir, on n'accuse pas sans preuve – allez, viens dans mes bras.

Pourquoi Annie restait-elle avec Gérard ? La question m'a longtemps travaillée. Elle l'aimait. Il la divertissait. Oui, je crois aujourd'hui avoir compris que mon père amusait ma mère. Avec lui, grâce à lui, elle ne s'ennuyait jamais. Et s'ennuyer était sa crainte ultime, bien qu'inavouée : elle se serait mise dans des situations inextricables pour échapper au désœuvrement. Et donc Gérard : Gérard et ses histoires, ses fantaisies, ses mensonges et son flingue. Gérard.

Comme remède à l'ennui, mon père.

Une chose qui nous amusait beaucoup, c'était son mépris à l'égard de ses collègues au travail. Chose étrange : mon père détestait la police.

Il trouvait les flics trop obéissants, de bons fils à papa, il disait que la «gueule du fonctionnaire» ne lui revenait pas. De ses collègues, il affirmait qu'ils seraient prêts à tuer sans raison, juste pour obéir à la hiérarchie. Cette soumission lui répugnait.

Il était entré dans la catégorie C par détachement, après que sa carrière dans la marine avait pris fin et qu'un accident l'avait frappé. Il voulait recommencer quelque chose. *Tabula rasa*. Il entrerait dans la police vendéenne, y retrouverait les chevaux de son enfance. Il avait troqué le romantisme maritime contre le romanesque des contrôles urbains et forestiers. Il conservait un sens du devoir et un uniforme. Il n'en était pas pour autant devenu docile.

— Si je suis là, c'est qu'il leur fallait quelqu'un avec du charisme, un mec capable de gérer une équipe, de commander, radotait Gérard.

Il était difficile de démêler, dans ses mots, ce qui était sincère de ce qui ne l'était pas. Tout semblait posé. Mon père changeait un sentiment d'infériorité remontant à l'enfance en une surestimation du moi inouïe et inaliénable.

Quant à la vie en brigade de nuit, elle n'était, dans notre ville, animée que quatre ou cinq mois de l'année, en période estivale. De manière générale, dans ce département bordé à la fois par la forêt et la mer, l'été et son flot de touristes et de saisonniers drainaient une adrénaline inédite, exempte du territoire le reste du temps. «En saison», comme on disait, la petite délinquance pullulait. On pouvait intercepter ici un sac à l'arraché, là des tags improvisés sur un monument aux morts, ailleurs encore deux petits cons qui s'amusaient à faire du rodéo au mépris des risques pour les piétons ou encore, mais c'était déjà plus rare, un trafic de shit parmi les étudiants en vacances. L'ardeur du soleil était une promesse d'aventures. Les autres mois, le gris de la province incitait les gens à rester confinés et le commissariat versait dans la régulation de violences conjugales, le délit mineur et l'administratif.

De la surveillance sage et sans piment : un homme qui avait la main lourde sur sa fille, une cabane de jardin construite sans autorisation.

Gérard en profitait généralement pour caler ses missions dans les DOM-TOM. Et quand il ne parvenait pas à partir, il nous reparlait de ces années où il avait été policier cavalier en unité équestre à Olonne-sur-Mer, des années pas si lointaines où il avait administré des contraventions sur une selle et, mais c'était déjà plus rare, poursuivi des voyous au trot – se gavant au passage des œillades émerveillées des piétons. Un policier à cheval attirait facilement 300 % de sympathie de plus qu'un flic pédestre, et Gérard nous répétait combien il regrettait le temps béni du sourire des enfants au passage des sabots du cheval. Désormais sédentaire, acculé à un commissariat qui ne lui disait trop rien, il faisait sentir certains soirs une morgue frustrée prenant toute la place.

La plupart du temps, heureusement, l'humour l'emportait. Rentrant du boulot, il nous gratifiait plutôt d'une anecdote sur ses collègues. Elle concernait tantôt La Flemme, tantôt La Bouée ou La Poutre, qui étaient les seuls noms donnés à ces personnages sans corps et semblant avoir été rebaptisés à jamais à la suite d'actions caractéristiques de leur personnalité, comme cela se faisait dans les sorories du XIXe siècle et certaines tribus aborigènes. Depuis ses années à l'École des mousses, mon père n'avait en réalité jamais appelé ses copains ou collègues que par un nom précédé d'un article (exception faite de « Loin du ciel », nom du plus petit marin qu'il ait jamais fréquenté.) Mais celui dont il parlait le plus le soir s'appelait « Le Fayot » – collègue flic involontairement comique, dont il imitait parfois, au cours du dîner, la voix aiguë, maniérée, et le rire forcé, ce rire impuissant qui prenait, dans la gorge de mon père, des airs de tondeuse dysfonctionnelle.

Invariablement, l'imitation déclenchait chez ma mère et moi des hilarités de sitcom.

Nous étions son meilleur public et Le Fayot, sa tête de Turc préférée. De lui, il raillait les boutons de chemise, attachés jusqu'en haut, et la chemise elle-même, toujours repassée, trop repassée pour sa fonction. Même en uniforme de policier, disait mon père, Le Fayot ressemblait à un héritier à qui on a appris à glisser des cristaux de soude dans chacune de ses lessives pour rendre son linge plus blanc que blanc, et qui, à l'école, devait toujours camper au premier rang pour attirer l'attention.

Gérard en avait contre les héritiers. Il me répétait souvent qu'une fois adulte il me faudrait me démerder sans lui, qu'il n'y aurait pas de chouchoutage, de privilèges quelconques, que la vie c'était dur et que c'était comme ça, pas autrement, qu'il fallait se la coltiner.

Nous aimions beaucoup, Annie et moi, la manière dont mon père parlait de ses collègues. Il y avait dans son ton un je-ne-sais-quoi de je-m'en-foutisme qui nous faisait rire. Une ironie qui sauvait son amertume et plaçait Gérard du côté du surplomb plutôt que du ressentiment.

Eux étaient hargneux, lui se voyait joueur.

Gérard prétendait depuis longtemps avoir franchi une ligne que les autres ne franchiraient jamais. Ces rêves de marin, d'équateurs et d'escales que fantasment les hommes mariés trop tôt, les pères précoces pour qui les enfants ont été le cache-misère de leur velléité, de leur incapacité à embrasser les exigences de la liberté. Gérard, contrairement à ses collègues et en dépit de sa famille, se vivait fondamentalement libre, ne devant de comptes à personne et surtout pas à son patron. «Ni Dieu ni maître», avait-il d'ailleurs inscrit fièrement au fronton de son bureau. Souvent, il avait des airs d'adolescent et, demi-habile, s'enorgueillissait d'un rien. Mais, toute candide qu'elle fût, sa fierté d'anar n'en était pas moins souveraine. Et c'est pour cela, je crois, que Gérard agaçait tant. Parce qu'on aurait voulu qu'un être de si peu de loyauté souffrît de sa condition d'évadé et parce qu'on sentait bien que malgré la souffrance, malgré les instants de honte et de désespoir, en fin de compte, il avait tout de même gagné quelque chose. À la fin, si cruelle eût-elle été, sa vie en valait la peine. Parce que, par sa seule présence, il croyait renvoyer la plupart des gens à la petitesse des rêves qu'ils s'autorisaient à former, à l'étroitesse de leur horizon. Mon père vivait sans loi morale au-dessus de lui et, quoi qu'on en dise, il était solaire. Et c'est ce soleil, cruel, persistant et inatteignable, qui suscitait chez les autres de la haine. Ce n'étaient pas ses faiblesses, qu'on ne lui pardonnait pas : c'était sa joie.

Une joie vive-écorchée, une joie à la Hallyday.

23

Johnny était l'idole de Gérard. Il avait été la colère bestiale de son adolescence : un moteur. Une certaine idée de l'affranchissement, qu'il découvrit d'abord avec ses copains de la marine, puis, plus tard, avec sa première femme, quelques amis éphémères, ses collègues de la police. Lors de nos repas de famille, quand j'étais haute comme un lave-vaisselle, la fièvre lui reprenait parfois. Au moment du dessert, Gérard grimpait dangereusement sur une chaise pour singer notre Johnny national. Jambes écartées, sourcils furieux, ses mains agrippaient la bouteille d'eau comme un micro d'argent et il se lançait dans un numéro d'imitateur parfaitement maîtrisé. Ses numéros préférés, c'étaient *Frankie et Johnny* et *Le Pénitencier*. La période rock, la plus terrible, celle des années 60. Gérard hurlait avec une virtuosité confondante et, quand des gens étaient de passage à la maison, il arrivait qu'on pleure de rire en le regardant faire.

Vers mes dix ans, lors d'un mariage potache, Gérard avait entonné sur scène son tube – « Tu es à mooooooooi, maintenant à tout jamai-ai-ai-ais » – en position du tireur, puis, portant la main à son cœur, s'était brutalement effondré. Hurlements dans l'assistance, précipitation et palpations : était-il encore vivant ? Une crise cardiaque ? Un AVC ? Que venait-il de se passer ? Jusqu'à ce que mon père ouvre les yeux en grand, rieur : « Vous voyez l'effet que me fait Johnny. » L'événement deviendrait une légende familiale. Ah, ce Gérard, toujours aussi fêlé, toujours aussi drôle. Et tout en disant cela, chacun le sentait sans le dire : si Gérard et son histoire étaient condamnés à la joie, c'est parce que, s'il se livrait au chagrin, alors il le submergerait. Ce serait être largué en pleine mer sans bouée de sauvetage. Et la mer, Gérard connaissait. On n'en sortait jamais indemne. Il fallait donc apprendre à nager, dominer la peine avant qu'elle ne vous engloutisse.

« Il y a les vivants, les morts, et il y a les marins », dit l'adage. Et entre les vivants et les morts, il y avait donc Gérard, monstre de joie.

Cette joie, cruelle mais contagieuse, irradia ma petite enfance. Sur ça, j'aimerais être très claire. Ce sens du rire parvint à tenir à distance les fantômes de ma famille. Cette joie aurait fait passer la violence pour de l'extase. Les jeux dans l'eau où je buvais la tasse, les scènes de courses-poursuites, les contes cruels du soir en mangeant des Chocapic, les histoires de monstres, des salauds du fisc et des cons de poulets, les récits d'armes, de feu et d'aventures en terrains hostiles. Cette joie fut tout pour moi.

Puis vint l'adolescence.

Alors que ma poitrine poussait et que ma peau se couvrait de pustules ingrates, je devins moi-même cruelle avec Ardent. Je le chassais à coups de pied, ignorais ses pleurs, le traitais comme une décoration d'intérieur lassante, un jouet que, par dégoût mimétique, j'avais fini par abandonner. Vers mes treize ou quatorze ans, comment l'écrire autrement, je devins *infecte* avec mon chien. Et quand je repense au passage de l'enfance à l'adolescence, c'est l'injustice de ma cruauté envers ce malinois fidèle qui me revient. Plus ma puberté s'affirmait, plus je niais Ardent. Pour me montrer à la hauteur du cynisme d'un père qui n'en a sans doute jamais rien remarqué, j'appris la méchanceté. Aujourd'hui, je ne me souviens même plus de la mort de mon chien, que seule Annie se chargea de soigner jusqu'à la fin. À la lisière de l'âge adulte, le décès de cette bête que j'avais tant aimée me laissa, quant à moi, tout à fait indifférente. Parce que Gérard m'avait inculqué la dureté face au pire. Parce que, sans y penser, je l'imitais.

À l'occasion de cette période, pourtant, j'appris une chose : on ne se remet jamais de la violence qu'on inflige aux autres, fût-ce à un animal. Les coups qu'on donne le sont avant tout à soi-même et, encore aujourd'hui, je ne repense pas sans une honte terrible – une honte qui vous barbouille comme une indigestion – aux coups de pied que j'ai lancés dans la gueule d'Ardent. La nuit, parfois, il me regarde encore fixement dans les yeux. Il ne gémit pas, il n'aboie pas, il ne dit rien.

Ses yeux sont les miens.

24

Au collège, je passais de plus en plus de temps avec Victor, élève d'une autre classe qui pratiquait l'EPS à la même heure que nous. J'avais remarqué ce garçon brun le jour de décembre où il avait refusé de porter un jogging, cherchant à comprendre en quoi son propre bas – un pantalon de toile souple – pouvait bien l'empêcher de courir.

— C'est la règle, Victor, ne cherche pas à faire le malin, lui avait dit notre professeur.

— Je ne cherche pas à faire le malin, je ne vois juste pas ce que ça change, objectivement. Vous n'êtes pas un robot, vous avez un cerveau, non ? Vous voyez bien que ça ne change rien.

— Je te dis qu'il y a des règles.

— D'accord, mais je vous rétorque que je suis en règle.

Fatigué de discuter, M. Pichon avait fini par demander son carnet à Victor et lui avait conseillé de ne pas faire l'imbécile la prochaine fois. Le pouvoir était de son côté.

— C'est vrai que ça ne change rien, que tu portes ce pantalon, lui avais-je glissé doucement, au sortir des vestiaires où il attendait que les autres finissent de se changer.

Il avait souri. Puis, sur le chemin du retour, dérogeant à la règle qui voulait qu'on se tienne deux par deux sur le trottoir avec quelqu'un de son camp, on avait continué de se parler, maugréant contre ceux qui respectent trop les lois. Mme Gravouille refusait de corriger une copie si elle était écrite en violet plutôt qu'en bleu. À la poste, l'employé qu'il connaissait depuis trois ans avait soudain refusé de lui donner son recommandé au prétexte qu'il n'avait pas sa carte d'identité. Pour une copie mal présentée, en dépit d'un contenu de qualité, on pouvait perdre jusqu'à trois points. Mon propre père avait été viré de l'armée pour avoir refusé d'obtempérer face à son supérieur.

— Ton père était dans l'armée ? Classe !

— Oui, enfin, quelques années seulement. C'est vrai que c'est étrange quand même, cette soumission aux lois, comme si elles n'avaient pas été inventées par des humains, mais par je sais pas quoi, des dieux peut-être ?

— Les gens ont besoin de se rassurer, avait clos Victor – et j'avais alors aimé sentir, sous les apparences rebelles de ce nouvel ami, un continent d'empathie.

N'étant pas dans la même classe, nous n'avions pas d'autre occasion que celle du sport pour apprendre à nous connaître et, pendant une semaine, j'avais attendu le cours d'EPS comme jamais. Quand, le jeudi arrivé, Victor était apparu sur le terrain de course dans un jogging rose-mauve laid – comme une provocation –, j'avais éclaté de rire. Si Victor avait su

124

en faire, il m'aurait sans doute adressé un clin d'œil ; quelque chose d'électrique passait entre nous. J'admirais la confiance en lui-même de ce garçon, son humour et l'indépendance totale dont chacun de ses gestes semblait attester ; c'était un type honnête, qui n'avait pas peur d'être bizarre, et dans cette période de grégarité absolue qu'est l'adolescence, période qui, je le découvrirais plus tard, ne cesse jamais de s'éteindre, je n'attendais que ça. L'arrivée, dans ma vie, d'un mouton noir.

En allant chez Victor pour la première fois, je ne m'attendais pas à emmagasiner tant d'informations nouvelles. Qui aurait cru que les deux frères et la sœur de mon ami, dont les photos parsemaient les murs de la salle à manger, me troubleraient tant ? Je ne m'étais pas préparée à découvrir toutes ces pièces dans la maison, ces chambres audacieusement colorées et fournies en plantes vertes. Je n'avais pas imaginé sourire, non plus, en regardant les couvertures des bandes dessinées du salon – *Kid Paddle*, *Le Petit Spirou*, *Lanfeust*, tous les tomes cool parus cette année, ceux dont je ne voyais les couvertures que sur Internet ou en vitrine des librairies, étaient déjà chez mon ami. Je n'avais en fait pas prévu de découvrir que non seulement une autre vie de famille était possible, mais qu'elle pouvait aussi être désirable.

— Pose ton sac où tu veux, par contre il faut que tu retires tes chaussures, sinon ma mère va gueuler, avait averti Victor d'emblée, alors qu'on passait la porte et que, sans y penser, il dégageait déjà du pied la raquette de badminton de son petit frère, qui traînait là.

C'était un jeudi, et j'avais été invitée à manger chez les Boucher (qui, ironiquement, étaient végétariens) avant le cours d'EPS. Si elle me plaisait, l'expérience pourrait se reconduire chaque semaine. J'avais donc attendu Victor à la sortie des cours et nous avions marché jusque chez lui. Je n'avais posé aucune question sur notre destination, je n'y pensais d'ailleurs pas, plongée dans une discussion concernant notre avenir. J'envisageais, aux côtés de la danse, de commencer des études de sociologie. Victor, lui, visait plutôt un abandon total de la scolarité. Il se lancerait dans la vie active, fonderait sa société, il n'y avait pas d'âge pour commencer. Là il s'était arrêté et tout était devenu irréel : mon ami ouvrait un grand portail d'acier en forme de vague comme il n'en existait que dans les livres, et m'emmenait vers une maison déformée, dont la façade présentait à elle seule cinq angles. Ma propre maison ressemblait à un simple dessin d'enfant. Je n'avais jamais vu une telle architecture. Une maison d'artistes ou de riches. Les deux à la fois, sans doute. Je n'aurais jamais imaginé ça.

Je réalisai que je ne m'étais jamais posé la question des origines sociales de mon ami. Pour moi, il était sans famille, sans milieu ni entourage. Depuis la première fois où je lui avais parlé, j'avais envisagé Victor, sa bizarrerie et sa rareté, comme un tout. Un royaume indépendant et coupé de toute racine et de tout réseau. Je me représentais Victor comme je me représentais tous les gens que je fréquentais, comme je me représentais mon père, ma mère et moi-même enfin ; je me représentais Victor comme une île. Et voilà que je découvrais un continent inconnu. J'étais comme ces explorateurs qui, trouvant un cygne noir au XVIᵉ siècle, croyaient tomber sur une anomalie génétique, avant de s'apercevoir qu'il en existait en fait des plages entières. L'anomalie avait son espèce. Victor, son milieu.

Dès l'entrée de la maison, je repérai : l'humour du paillasson (« *Touch me I want to feel dirty* »), la couleur jaune poussin des murs du salon, la couleur bleu roi de l'étrange escalier construit en son centre, les bibelots indiens qui servaient à poser les clés, l'absence de mur entre la cuisine, le salon et ce que je devinai être une salle à manger. Le royaume était vaste, coloré et sans frontières. Et le royaume sentait bon : on y avait cuisiné quelque chose.

— Ah, Victor, dit une voix, vous êtes déjà là ! Passez à table directement, si vous voulez.

Claire, la mère, avait surgi de l'escalier central pour s'adresser à nous. C'était une belle femme rousse, dont les cheveux étaient mêlés en une longue tresse régulière ; une femme chic et athlétique semblant sortie d'une série télévisée : il y avait chez Claire Boucher quelque chose de net, de bien dessiné, comme l'étaient les personnages de *Desperate Housewives* ou les grandes bourgeoises sous la Restauration et, de cette stylisation de la personnalité inédite à mes yeux, je fus très impressionnée.

— Je n'ai pas eu le temps de cuisiner d'entrée, j'ai juste disposé quelques tomates en vrac, j'espère que ça ira, fit-elle gaiement en allant à la cuisine.

Je ne répondis pas, pas certaine de bien saisir ce qu'une entrée pouvait être d'autre que quelques tomates en vrac. Quand ils passèrent au plat de résistance, pourtant, je compris. Non seulement Claire avait des airs de personnage de série, mais ce qu'elle avait cuisiné aussi ressemblait à une image. Un cliché de ces magazines qu'Annie et moi nous contentions de feuilleter, ou bien qu'on recyclait en planche sur laquelle couper les carottes crues avant de les cuire. La mère de Victor, elle, ne se contentait pas de faire cuire les légumes. Sous ses mains, ce midi-là, les carottes s'étaient changées en peinture ; elles étaient devenues la touche finale d'une œuvre d'art culinaire comme je n'en avais jamais goûté, sorte de crumble de fromage et de légumes, saupoudré de paillettes d'or et accompagné d'un panier de haricots pour qui le nom « vert » semblait avoir été inventé. L'assiette que j'avais sous les yeux évoquait en fait une sculpture japonaise – et j'osais à peine y toucher.

— Tu peux y aller, tu sais ! sourit Claire.

— Je n'ose pas, on dirait que c'est fait pour rester comme ça, fis-je, ouvrant une brèche de sincérité dans laquelle Victor s'engouffra aussitôt pour se foutre gentiment de moi.

— Lou est un peu fragile, tu comprends, dit-il à sa mère. Et un peu lèche-cul, j'ai l'impression.

Il disait ça l'œil chafouin, comme à son habitude, mais, sans que je puisse m'expliquer pourquoi, j'en fus vexée.

— N'écoute pas ce que dit Victor, soupira Claire, et mange ce que tu veux, quand tu le veux. Mais n'attends pas trop non plus, parce que ça risque de refroidir.

Puis elle tourna la tête vers son fils.

— Tu comptes remettre ton jogging abscons pour aller en EPS, tout à l'heure ?

Je n'avais jamais entendu le mot « abscons », qui parlait de lui-même.

— Pourquoi pas ? Je l'aime bien, ce jogging, moi.

Il piqua un haricot dans mon assiette.

— Tu fais bien ce que tu veux, mon fils, soupira Claire, indifférente et superbe.

Dans la famille de Victor, chacun semblait en permanence avoir autre chose à penser. Il fallait emmener le plus petit à l'équitation, la plus grande à la boxe, le moyen au solfège, il fallait acheter de quoi préparer les repas du matin, du midi, du soir, les cookies pour la classe de la fille, il fallait préparer les leçons des frères, le masque de la mère, la semaine au ski organisée par le père. Tout était fait pour que les temps morts n'existent pas. Les disputes n'étaient jamais que pragmatiques. La violence, contenue. Tout provocateur qu'il était, Victor savait aussi se montrer élégant, et je devinais que, s'il ne posait aucune question sur ma famille, c'était par pudeur. Par souci de ne pas me gêner. Une part de moi lui en était reconnaissante. Mais, au fur et à mesure que les jeudis passaient, une autre part de moi lui reprochait son silence. Plus je découvrais le monde de Victor en taisant le mien, plus je sentais gonfler, entre nous, un abcès que je n'avais pas le courage de traiter et que je laissais là, intact.

Abandonnant, sans me l'avouer, à Victor la responsabilité de le percer.

— Peut-être que je pourrais venir chez toi une nuit, osa-t-il, un après-midi que nous étions tous les deux avachis dans le parc près de l'école, buvant vaguement du Breizh Cola en discutant de choses anecdotiques et d'extrême importance.

— Comment ça, une nuit ?

— Ton père a l'air un peu relou sur les invitations, mais, s'il ne veut pas que je vienne en plein jour, je pourrais peut-être venir quand il dormira ?

Stupéfaite par son aplomb, je me redressai et époussetai les résidus d'herbe qu'il avait découpés en petits morceaux sur sa veste tout en parlant.

— Tu veux dire un rendez-vous clandestin ?

Victor fit un signe de la tête vers la bouteille pour que je la lui tende. C'est exactement ce qu'il voulait dire.

25

Le rendez-vous du vendredi avait été imaginé selon un protocole simple : vers 3 heures, Victor escaladerait le portail du jardin, passerait derrière la maison et m'attendrait caché sous le framboisier, signalant sa position par texto. Je me faufilerais alors dehors discrètement, emportant un duvet. Dans le jardin, on s'inventerait une cabane. Peut-être Victor rejoindrait-il même ma chambre, qui sait, ça dépendrait de la qualité du sommeil de mes parents, et ça, on ne le saurait que sur le coup, à l'intensité de leurs ronflements.

Au pire, on improviserait. On était jeunes, on savait faire.

Vers minuit, après une soirée calme passée à regarder *Thalassa* sur France 3, j'avais donc salué mes parents avant de me coucher, le frisson de l'interdit au ventre. Un rendez-vous clandestin : quelle audace. Je me sentais toute chose, mon bas-ventre contracté, incapable de me divertir de la visite à venir. Je divaguai un long moment, les yeux fermés, allongée dans mon lit, et puis, alors que je croyais avancer dans la fumée bleue d'un couloir, je m'endormis.

À 3 heures, mon Nokia 3310 émit une lueur pâle, me réveillant d'un sommeil plein d'images. Victor n'était plus loin maintenant. Après m'être frotté les yeux de sorte à chasser le flou de la nuit, je poussai ma couverture sans bruit. Sur la pointe des pieds, je fis quelques pas pour attraper le manteau suspendu à ma porte, le passai sur le jogging qui me servait de pyjama et mis ma main sur la poignée, prête à l'ouvrir doucement.

Sauf que, ici, un bruit insolent. Une porte qu'on ouvre. Mon père.

Dans le couloir, la lourde démarche de Gérard et bientôt le son brouillé des clés dans la serrure. Il avait entendu quelque chose et il sortait voir ce qui se passait.

L'adrénaline, alors presque évaporée, rejaillit dans l'instant. Fallait-il que je rejoigne mon père sur le balcon, pour l'empêcher de faire peur à Victor ? Me fallait-il au contraire rester dans ma chambre pour couvrir notre projet, éviter que Gérard ne comprenne que nous avions manigancé en douce un rendez-vous derrière son dos ? Je me tenais toujours derrière ma porte, paralysée, l'oreille aux aguets et le souffle difficile. J'essayais de mettre en pratique les exercices de respiration de Jade. J'ignorais ce que je craignais le plus : que mon père s'en prenne à moi ou à Victor ? Les deux scénarios étaient cumulables.

Soudain, je n'eus plus le temps de gamberger. Depuis le balcon, j'entendis Gérard hurler et mon instinct prit le relais. Je donnai un coup de poignée et me retrouvai dans le couloir, avec une vue nette sur ce qui advenait dehors. La vision me coupa le souffle.

Mon père, nu sur le balcon, tenait au bout de ses bras tendus son Sig Sauer et ne disait rien, paraissant se préparer en silence à un exercice de tir. Sa silhouette, blanche, molle et bizarrement menaçante, était découpée dans la nuit comme un collage surréaliste.

— Tu es qui, toi ? finit par beugler Gérard, avec son accent militaire des grands soirs. Garde bien tes mains en l'air et décline ton identité, OK ?

De ma place, je ne pouvais pas voir Victor, mais mon père, hurlant comme s'il perquisitionnait l'horizon, me semblait assez en colère pour représenter un vrai danger.

Qu'allait penser Victor ? J'étais tentée d'aller à la rencontre de Gérard pour le raisonner, mais je me retenais, incertaine que ma présence améliore la situation. Annie avait dû émettre la même hypothèse, qui n'était pas même sortie de la chambre à coucher, mais que je devinais tapie dans l'ombre.

Après un temps, j'entendis mon ami répondre quelque chose. Sa voix résonnait, comme prise dans le *delay* naturel de la nuit. Je n'étais pas en mesure d'entendre ses paroles, mais m'attendais à ce qu'il fût en train de révéler à mon père son nom et sa situation. À ce qu'il fût en train d'exposer notre rendez-vous secret, de sorte que Gérard n'allait pas tarder à se tourner vers sa fille, et peut-être même, qui sait – l'idée, irrationnelle, me traversa l'esprit à la manière du monstre qu'on se représente dans une ombre –, aller jusqu'à pointer son flingue sur elle ?

Je me concentrais toujours sur ma respiration, convoquant le visage de Jade. Victor parla une trentaine de secondes, éternelles. Puis Gérard baissa son arme.

D'une voix claire, presque lumineuse, il eut ces mots incroyables :

— OK, Victor, pardon, je travaille dans la police, brigade de nuit, et parfois je suis un peu dépassé. La prochaine fois, regarde mieux les numéros et tout se passera bien.

Puis il ajouta un «Bonne nuit» et relâcha son buste avant de se retourner vers l'entrée, les yeux baissés. Je regardais mon père comme je ne l'avais jamais vu : son corps empâté et blanc, ses cicatrices aux cuisses, au cou, sa tête penchée, son regard vide. Je vis mon père se croire seul. Puis je le vis relever les yeux.

— Qu'est-ce que tu fais là, toi ?

Il m'avait posé la question comme si ce n'était pas lui qui se tenait nu face à sa fille de quatorze ans, avec un Sig Sauer calibre 9 millimètres dans la main. Était-il chargé ? Je repensai à ce que mon père m'avait dit, alors que nous regardions la télé : «Toujours considérer qu'une arme est chargée.» Pour la première fois, je réalisai que le pistolet de mon père, jusqu'alors strict objet de fantasme pour sa famille, était en mesure de tuer. Que mon père dormait, chaque nuit, avec un instrument de mort non loin. Qu'il pouvait, n'importe quand et à n'importe qui, reprendre la vie.

— J'ai entendu du bruit, répondis-je simplement à Gérard, tout va bien ?

— Tout va bien. Un jeune con qui voulait rendre une visite surprise à la voisine et s'est planté de numéro.

Sa voix était fatiguée, il ne me regardait pas dans les yeux.

— Va te recoucher maintenant.

Puis, comme pour lui-même, il ajouta encore : «Il m'a fait peur, ce con» et retourna dans sa chambre, la mine basse. Je gagnai alors ma propre chambre et, avant de trouver le sommeil, pensai un long moment à ce que je venais d'apercevoir dans les yeux de mon père.

Un éclair de faiblesse.

26

Le lendemain, Victor me sauta dessus quand il m'aperçut au collège.

— Je n'ai pas osé t'écrire hier, j'avais peur que ton père chope les textos et comprenne que je lui avais menti.

— Tu as bien fait.

— Par contre, il est génial ! J'avais l'impression d'être dans un putain de film américain. Il en fait souvent, des coups comme ça ?

— Pas vraiment, dis-je. En ce moment il poursuit un type un peu dangereux, recherché par plusieurs services, et il a son arme dans sa table de nuit, au cas où. C'est mal tombé, quoi. Mais tu t'en es bien tiré.

— Merci, j'avoue, j'étais pas peu fier.

Espiègle, Victor voulut encore en savoir plus sur ce père à moustache paraissant si romanesque et dont je lui avais pourtant si peu parlé. Alors je racontai un peu en longeant les bords de la grande cour où les autres garçons jouaient au foot. Je racontai des faits d'armes drôles et tendres qui valorisaient Gérard dans son personnage de justicier conteur et confortaient

Victor dans la première image qu'il s'était faite de lui, fidèle à celle que je souhaitais transmettre. Moi seule savais ce que je passais sous silence. Moi seule savais ce que je taisais. Et, comme un grain de sable qui enraye la machine, moi seule sentais que cette manière badine de parler de mes parents n'était pas la bonne et engageait ma relation avec Victor sur une fausse piste, nous éloignant au lieu de nous rapprocher.

À l'adolescence, demi-habile et introvertie, je me fermais de manière croissante et intensifiais ma pratique de la danse pour chasser une puberté que je prenais, elle aussi, pour un démon.

Comment s'ouvrir ? Les interactions sociales n'étaient pas mon fort. Les discussions, de manière générale, mettaient mal à l'aise l'adolescente réservée que j'étais : j'aimais qu'on invente et qu'on l'assume, pas qu'on fasse semblant de dire la vérité. Les débats me paraissaient inauthentiques. Je préférais la musique et danser : le corps ne mentait pas. Mais puisqu'on ne pouvait pas s'en contenter, puisqu'il fallait parfois parler, je singeais. Je mimais la détente, le cool, l'humour et puis la légèreté, j'imitais les histoires drôles et puis les histoires tristes, je n'essayais jamais de dire les choses telles qu'elles m'apparaissaient, mais telles que je sentais qu'on voulait que je les dise. Sans m'en rendre compte, je m'arrangeais à mon tour avec la réalité. Quand et comment cela s'était-il passé ? J'avais perdu l'accès à ma propre honnêteté.

J'avais aussi perdu l'accès à cette capacité de sortir de soi qu'on nomme «empathie» – et que Gérard, de manière générale, considérait comme une tare.

Prendre soin des autres, les écouter, compatir avec des gens qui ne nous ressemblent pas m'apparaissaient être des trucs de fillette.

Mon père n'était pas misogyne, disait-il, au contraire j'aime les femmes, les vraies.

Pas les fillettes.

Plus tard je découvrirais, galvanisée, l'existence de Virginie Despentes, de Constance Debré ou d'Elsa Dorlin, songeant qu'elles auraient volontiers eu les faveurs de Gérard – eu, même, son admiration – s'il en avait entendu parler. Il s'agissait de femmes féroces et indifférentes, hermétiques à la séduction et ne redoutant rien tant que l'indulgence ou l'abandon – ne prenant pas le risque de se faire altérer par un autre que soi.

«Femmes guerrières», comme l'écrit Monique Wittig, femmes en lutte, femmes musclées, s'adonnant aux arts martiaux, femmes rasées, incisives, viriles, femmes respectables en somme, puisque ce que mon père détestait – ce qu'avec lui la société craint –, c'était la douceur, l'empathie, la tendresse, la voix feutrée, les couleurs rougissantes, les cheveux longs et cette main tendue d'un autre temps. Gérard était aussi de son siècle en ce sens qu'il méprisait ce qu'il appelait avec fierté «la féminité sirupeuse», et il m'avait transmis ce dégoût. En cela, par des voies paradoxales et insoupçonnables, j'avais acquis tous les codes d'un certain féminisme avant sa lettre. En me donnant une éducation viriliste, mon père avait fait de moi une parfaite femme soldat.

Il me voulait dangereuse, manière d'Amphitrite ou d'Artémis, dont il me parlait souvent – Artémis, déesse du monde sauvage, portant à son cou des scrotums de taureau. Artémis, sœur jumelle d'Apollon, le dieu de la Lune et du Soleil, mais bien plus effrayante que lui, Artémis la menaçante, transformant les hommes en cerfs, les faisant au besoin dévorer par ses chiens. Artémis, qui exigeait des sacrifices cruels et sanguinaires, qui volontiers portait des crânes et aurait pu engloutir une armée entière.

— Tu seras une déesse virile, osait-il, plein de prétentions et de malice.

À seize ans, je pratiquais la danse comme on pratique la boxe, je parlais sans cesse de lutte et d'affirmer sa puissance.

À dix-huit ans, je rendrais les coups.

27

Il n'a jamais frappé ma mère, mais : l'a menacée de disparition, traitée de connasse et de *vioque* une bonne centaine de fois, a tendu son poing au-dessus d'elle, lui a agrippé les seins de colère et d'excitation mêlées dans la cuisine, lui a rappelé qu'elle n'était pas bonne à grand-chose, puis lui a rappelé le contraire, qu'elle pouvait tout faire, qu'elle était bien plus intelligente et talentueuse qu'elle n'osait se le figurer. L'a comblée et humiliée, parfois dans une même phrase, un même geste, l'a tordue. Une seule chose était certaine : sans lui, elle ne s'en sortirait pas.

Il ne m'a jamais frappée avec ses poings, mais : m'a jetée d'un coup de pied du haut de l'escalier, pris le bras entre ses deux mains, tordant ma peau d'enfant sous la sienne, plus rêche, plus marquée par la vie, m'a menacée surtout, souvent, pour m'apprendre la vie, m'a dit et répété que j'allais le payer, plus tard, que je paierais tout, même ce que je n'avais pas fait, que tout se payait, son poing au-dessus de mon visage, m'a dit et répété cela, me parlant d'une voix fauve, comme on montre les crocs.

Au bout d'un temps, Annie disait à Gérard :

— Tu ne te rends pas compte comme tu es, c'est grave, je vais t'enregistrer.

Nous n'avions pas de smartphone à l'époque, alors elle prenait un post-it et, tandis qu'il lui hurlait dessus, elle notait ce qu'il disait – studieuse, au mot près, des lunettes sur le nez, si appliquée que cela finissait par avoir un effet comique. Des scènes surréalistes où Annie, concentrée, le regard ouvert et la nuque baissée, s'appliquait à transcrire ce que Gérard hurlait, si bien qu'il n'en hurlait que davantage, rendu fou par son calme à elle.

Pourtant, les jours qui suivirent l'incident de l'arme, mes parents semblaient étonnamment plus doux l'un à l'égard de l'autre, comme si Victor, spectre réconciliateur, était venu rabibocher la famille. À la faveur de cet épisode, Annie avait compris quelque chose d'important : Gérard devait vivre dans une tension permanente, se sentir sans cesse menacé, pour réagir si vivement à de simples bruits dans le jardin. Il y avait en lui des plaies tues. Et alors qu'elle l'avait vu, penaud, revenir dans la chambre cette nuit-là, elle avait éprouvé de la compassion.

— Si ce petit con avait bougé, tu te rends compte de ce qui aurait pu m'arriver ? Tu sais ce qui arrive aux flics qui utilisent leur arme ? Tu t'attires aussitôt des problèmes putain, tu perds ton boulot. Tu sais, ça ? avait-il demandé à Annie qui l'ignorait, mais avait été étonnée, presque heureuse de l'apprendre, comme soulagée.

— Et puis tu aurais pu te tromper, tu aurais pu le blesser sans faire exprès…, avait encore avancé Annie, pensant aller dans le sens de son époux.

— Ça non, ça n'arrive pas. Ça n'arrive jamais. Si j'avais été amené à faire feu, j'aurais eu raison. On ne fait pas feu pour rien dans la police : on fait feu parce qu'on est menacé.

— Mais là, en l'occurrence, tu ne l'étais pas, n'est-ce pas ?

— Et c'est pour ça que je n'ai pas tiré, avait-il conclu.

Gérard parlait, plus que jamais, avec l'intonation de celui qui sait, mais Annie le connaissait assez pour deviner que son aplomb trahissait sa peur. C'est quand il parlait avec le plus d'assurance que Gérard était le plus vulnérable. Sa force d'affirmation était proportionnelle à son degré de doute. Plus il était tranchant, plus elle le savait tremblant. Et avec les tremblements de Gérard, Annie savait faire. Le savoir inquiet la rassurait et lui permettait d'exercer le pouvoir de materner qu'elle maîtrisait si bien – dans son travail, auprès des tout-petits, dans sa manière de cuisiner pour nous, et jusque dans la grâce volontaire avec laquelle elle pliait les chaussettes et les culottes de ceux qu'elle appelait ses « deux enfants ». Prendre soin était son affaire. Elle ne cherchait pas à être une femme puissante ni originale, elle n'avait rien à nous prouver, mais connaissait son désir : des autres, elle aimait s'occuper.

Ce soir-là, elle lui caressa la joue.

— On va acheter une caméra de surveillance, ça t'épargnera des inquiétudes.

De mon côté, je n'avais pas reparlé de ça avec mon père, mais, depuis l'épisode, je trouvais Gérard plus drôle que jamais. Il faisait des percussions avec ses couverts à chaque dîner et cela me faisait rire de joie. Il accumulait aussi les blagues de mauvais goût en regardant les infos, proposait à la famille des glaces devant le téléfilm du vendredi soir, nous rapportait des gnocchis qu'il baignait dans le beurre. Il semblait particulièrement là quand il était là. Il rapportait encore plus de produits que d'habitude quand il allait faire les courses.

Le samedi suivant, il avait même acheté un nouveau portable.

Gérard passait, de manière générale, un temps dingue dans les hypermarchés.

Il s'y rendait comme on conquiert un eldorado. C'est une sensation que n'ont éprouvée que les membres des classes moyennes, ceux qui n'avaient jusque-là que le choix de la résignation ou du ressentiment et qui soudain ont eu l'impression d'avoir le monde entier à portée de main. Près de chez nous avait été construit ce que Gérard présentait avec orgueil comme le plus grand Leclerc d'Europe. Je n'ai jamais su si c'était vrai ou si, comme souvent, il tirait à lui la couverture de la réalité. Il était fier de prendre sa Peugeot 205 pour se rendre sur le parking XXL de cette surface vide et plane en périphérie de notre ville. Fier d'avoir l'opportunité de fouler ses quelque dix mille mètres carrés de produits abordables et fier de revenir, en fin d'après-midi, avec à ses bras cinq ou six sacs en plastique de couleurs différentes – camaïeux de jaune ou de blanc. Il était fier de ce nouveau monde libéral et moderne comme il était fier de la taille de son ordinateur et des yaourts fermiers biologiques qu'il rapportait à la maison, avec presque une décennie d'avance, une à deux fois par mois. Fier d'être moyen, Gérard étudiait pendant des heures tout ce qu'il était en mesure d'acheter. Il ne voulait passer à côté d'aucune jouissance, convoitait toutes les dernières inventions high-tech en vente. Il se voulait du côté de la vie, du plaisir et de la technologie – et si cela devait passer par l'achat d'une petite fontaine automatique qui diffusait, la nuit, une lumière violette aux propriétés apaisantes, alors il en passerait par là. Parfois, il revenait à la maison armé d'un nouvel ordinateur portable, d'un distributeur automatique de bonbons ou d'une machine à pop-corn. Gadgets qui, selon l'humeur, faisaient sourire ou agaçaient Annie, qui ne voyait là-dedans que dépenses inutiles et caprices d'enfant gâté. Lui s'en foutait. Féru de ces innovations technologiques minuscules, qui lui donnaient l'impression fugace d'être un spationaute à la conquête de l'univers, il aimait tout cela et, par-dessus tout, il vénérait son nouveau Motorola RAZR V3 doté de lignes courbes, futuristes, et, comble de technologie, d'un clapet.

Alors, rentrant à la maison le lendemain soir, pétri d'humour et d'orgueil, Gérard avait proposé une démonstration de la machine. Le bruit du clapet qui se refermait était un bruit résolument moderne. Gérard était au top. Clou du spectacle : le RAZR V3 se révélait capable de prendre des photos. Fini l'embarras au moment de partir se promener, pour désigner le responsable du transport de l'appareil numérique ou, plus embarrassant encore, de l'analogique : le monde de demain serait ergonomique, et à ce monde la famille Meynier voulait appartenir.

— Bienvenue dans le XXIe siècle ! avait fini par clamer Gérard, impérial, et pour fêter sa bonne humeur, on avait décidé de se lancer dans une soirée crêpes.

28

J'ai longtemps pensé que ce que me cachait mon père était en rapport avec ses enfants d'avant. Longtemps cru que c'était de cela qu'il se sentait coupable. D'avoir supprimé sa famille. Coupable d'avoir perdu ses petits, de n'en avoir pas pris davantage soin. Je me figurais, dans cette manière d'avoir pulvérisé le foyer, quelque goût de l'aventure.

Sans tout à fait me l'avouer, je fantasmais un courage dans cet accident tragique.

Une majesté dans le drame.

Puis un jour j'ai compris que ce n'était pas ça.

À partir de quelle année la peur s'est-elle définitivement installée dans notre maison ?

À l'adolescence, quelque chose changerait, engloutissant mes souvenirs. Les murs peu à peu deviendraient étrangers, une somme de bruits incompréhensibles et d'odeurs qui ne seraient plus les nôtres. Un gaz annihilant la chaleur familiale se répandrait chez nous. L'air perdrait en qualité et notre maison, à Annie, Gérard et moi, ne serait bientôt plus un endroit où vivre et se réchauffer, mais un espace où dormir et manger. Un lieu où ma mère, mon père et mon chien ne sembleraient plus se croiser que par hasard, par obligation, par tendresses sporadiques – vouées à s'assécher – dans un équilibre précaire, un va-et-vient inconfortable.

Nous le sentions désormais tous les trois, la famille ne durerait pas.

J'en arrive à la nuit d'ivresse qui a mis fin à mon enfance. Bien que les choses vécues ne soient jamais si nettes que la narration voudrait nous le faire croire, je crois pouvoir affirmer, sans avoir la sensation de mentir, que mon enfance s'est achevée un soir de mars.

Sa moustache était sale : imbibés de sauce et d'huile, les poils humides n'avaient aucun panache. Son visage, on le connaissait : sourire féroce, toutes dents dehors, Gérard était attablé devant une tête de porc.

On avait vu le cochon griller sur une brochette tout l'après-midi. Les voisins étaient passés devant et avaient ironisé sur ses oreilles, sur son groin ; les hommes s'étaient tous relayés pour faire tourner l'animal, le regarder lentement s'atrophier et se carboniser, en tirer du plaisir. C'était l'orée du printemps et ils avaient joué à la pétanque : Guy, Gérard, Gaston, tous les hommes avaient gravité autour de boules de métal qui tombaient au sol comme des planètes obscènes. Oui, ils avaient joué à la pétanque en buvant du rosé dans des verres rendus légèrement opaques par un lave-vaisselle dysfonctionnel. Au bout de la rue où nous habitions, ce jour-là, on les avait tous vus projeter des sphères sur les graviers. On les avait aussi vus changer de teinte, la couleur de leur visage virer au rouge à mesure que les minutes passaient. Au début, les femmes étaient avec eux, quelques blagues sur le cochon en train de rôtir, sur les infidélités supposées de leurs époux. Et puis les femmes, les unes après les autres, étaient rentrées chez elles, dans un ballet réglé, s'occuper des enfants, préparer la journée du lendemain ou rapiécer quelque manteau. Voilà que les hommes n'étaient plus qu'entre eux, désormais hilares, sourire de loup, autour d'une table aux sets en papier, tout à fait avinés. Gérard en bout de banquet, ogre parmi les ogres, étalant des anecdotes comme autant de preuves de bravoure et de masculinité – telle femme enfourchée *comme un cheval*, tel patron à qui on a réglé son compte, telle fille qui ne nous la fera plus. Ils paraissaient complices et perdus, sans en avoir la moindre intuition. Je les espionnais, quant à moi, depuis la fenêtre de ma chambre et, s'ils me faisaient un peu peur, me rassurait tout de même le rire de Gérard : ce rire que je connaissais par cœur et que j'aimais, du verbe «tomber amoureux», rire qui serait à jamais la musique de mon inquiétude. Ma préférée.

Gérard n'avait pas mangé chez nous ce soir-là, et Annie n'avait pas pu, comme à son habitude, lui dire de s'essuyer la bouche.

Ivre devant moi, au retour du cochon, il avait la moustache dégueulasse.

Il était rentré vers 23 heures et, au bruit que faisaient ses pas, j'avais mesuré son alcoolémie (de même que nous reconnaissons à l'oreille la démarche de nos proches, si nous nous concentrons, nous cernons leur état). Annie était en bas, dans la buanderie. Je ne m'étais pas manifestée quand il était entré. Pareille à

Ardent, je flairais que quelque chose n'allait pas chez mon père. Les trois mois précédents, sa démarche avait eu le pouvoir d'accélérer ma respiration.

À l'oreille toujours, j'avais cru l'entendre rallier le salon, mais c'est finalement la porte de ma chambre qui avait été poussée. Il avait eu un sourire de nouveau-né, «Ah, tu es là», et s'était allongé à côté de mon lit, sur la moquette mauve, ses bras sur le rebord de mon lit en bois. Il souriait en me regardant, comme s'il essayait de raviver notre complicité faite de jeux d'enfants. Sauf qu'il avait la moustache sale et ne s'en rendait même pas compte. Entre nous, ce soir-là, ni ions négatifs ni tour de magie, aucune connivence.

Juste de la peur, une tendresse singée, le souvenir de ce que nous aurions pu être.

Je me souviens d'avoir vu mon père comme je ne l'avais jamais vu : faible, abruti par l'alcool, apeuré par l'existence. Son corps, qui m'avait toujours paru massif, me semblait soudain sujet à l'embonpoint. Sa cravate vert menthe, portée depuis des années et que j'avais trouvée merveilleusement excentrique, me parut ridicule. Je l'avais cru fort : il était gris. Je l'avais cru drôle : il était perdu. Je l'avais cru malin : il était mauvais. Immobile sous ma couette, les doigts contractés sur le matelas, j'essayais, tout en l'observant, de ne pas trop le dévisager, ni de trop lui répondre. Je m'efforçais de donner à mon visage un air décontracté. Je l'écoutais.

Il faut imaginer un homme qui parle seul dans la rue. Se le représenter les yeux dans le vide ou dans une réalité parallèle, sa bouche agitée de spasmes, il faut voir l'incertitude dans son regard, astrale, semblable à de la folie. Il faut vous représenter tout ça et confondre cette vision avec le corps de votre père. Qui, à cet instant précis et pour la première fois de votre existence, n'est plus votre père, mais un étranger. Il faut imaginer cet intrus dans votre chambre, qui se comporte comme si vous aviez grandi ensemble, ce *replicant* ayant pris les apparences d'une personne aimée, qui essaye maintenant de vous prendre la main, il faut l'entendre ensuite, au milieu de votre silence et de votre sidération, il faut l'entendre vous dire qu'il a tué des gens toute sa vie, qu'il a merdé, et de se mettre à pleurer, je sais que j'ai merdé, et vous vous attendez ici à ce qu'il vous parle de sa mère ou de ses enfants, mais non, rien de tout cela, soudain il change d'objet et change de regard, il change peut-être même de ton et vous dit : cette jument ne m'avait rien fait.

Et vos oreilles ne reviennent pas de ce qu'elles perçoivent, de quelle jument parle-t-il ? Elle ne m'avait rien fait, répète-t-il, et pourtant je l'ai tuée. Et vous n'osez pas lui demander ce qu'il entend par là, et le silence pendant lequel votre père fond en larmes dure une éternité, puis il recommence à parler, c'est pitoyable, il dit cela en boucle trois ou quatre fois en regardant devant lui, au loin, inventant pour l'occasion un horizon dans votre chambre, puis ses yeux vagues changent d'angle, il se retourne vers vous.

— J'ai besoin d'en parler à quelqu'un, tu comprends ?

Alors il en parle.

— C'était il y a huit ans, tu étais encore bébé, toi. J'étais dans la brigade équestre d'Olonne au début des années 90. Flic à cheval, comme on dit. T'as pas plus de mille mecs qui font ça en France, et j'étais l'un d'eux. J'ai vécu les plus belles heures de boulot comme ça, je montais à cheval, je tirais sur les rênes, Pluie partait au trot, puis au galop, dans la forêt ou sur la plage, et comment te dire, Lou, j'avais l'impression de planer.

« Et puis voilà, c'était un mercredi, le jour des enfants, on avançait en forêt avec Pluie, on traquait les cyclistes qui sortent des voies, les propriétaires de clebs qui ne les promènent pas en laisse, je tenais mes rênes et j'avais l'œil, j'ai toujours l'œil, il faut toujours avoir l'œil. Et puis on est arrivés au niveau d'un sentier, aux confins de la forêt de Saint-Jean, un petit sentier interdit aux chevaux normalement mais que je connaissais bien, tu comprends, un petit sentier où tu peux accélérer d'un coup sans te faire gauler – alors au galop, j'ai dit à Pluie, au galop, et j'ai claqué la lanière de cuir contre son échine, bam, elle s'est emballée, Pluie, elle s'est mise à gagner de la vitesse et puis soudain elle s'est pris les pieds dans quelque chose, une pierre ou un piège, je n'ai jamais su, je n'ai pas compris sur le coup, elle a couiné, j'ai vu du sang, j'aurais dû m'arrêter là, quand j'ai vu le sang, mais va savoir pourquoi – j'ai insisté. J'ai claqué à nouveau son échine. Pluie a rué. Il y a eu un mouvement brusque, je suis tombé, mais aucune douleur, rien, je n'avais rien, juste glissé, par contre Pluie avait toute la patte droite ensanglantée, toute sa patte grise, soudain devenue rouge, et je l'ai vue, paniquée, qui filait malgré la douleur, qui prenait son élan parce que je le lui avais demandé, je l'avais piquée au vif, tu comprends, Pluie souffrait et je l'ai forcée à galoper.

150

Un silence.

— Elle n'a pas vu le fossé.

Un deuxième silence, au cours duquel il renifla bruyamment, me poussant à détourner le regard.

— Elle est tombée dedans, comme ça, d'un coup, en poussant un hennissement qui me hante encore parfois la nuit, elle est tombée sur le flanc, Pluie, sa patte ouverte, les tendons, les nerfs, tout, à l'air libre, en sang, ça coulait sous elle, partout, j'ai vu le sang qui coulait, j'ai tout vu. J'ai tout vu et je n'ai rien fait. Je suis parti. Aussitôt. J'ai tourné le dos à Pluie et j'ai marché en sens inverse, sans jamais me retourner. Tu comprends ce que je te raconte ? J'ai excité un cheval qui me faisait confiance, je l'ai vu s'écrouler par ma faute, je l'ai regardé souffrir, et je n'ai rien fait. J'ai su que cette jument crèverait et je me suis barré. Et puis après, le lendemain, quand une randonneuse a retrouvé Pluie dans la boue, morte après une longue agonie, quand cette dame a appelé les secours et que les secours n'ont rien pu faire sinon constater le décès et prévenir le commissariat, oui à ce moment-là, j'ai dit à tout le monde qu'elle avait fui seule, Pluie, j'ai dit que je la pensais perdue, que je m'étais inquiété, que je n'aurais rien pu y faire, j'ai dit que j'étais effondré. Oui, j'ai dit à tout le monde que j'étais effondré, tu comprends ça, Lou ? Après ça, j'ai changé de commissariat, j'ai laissé tomber le cheval, mais personne n'a jamais rien su de tout ça, tu comprends ? Tout le monde a cru que Pluie était morte d'un accident. Seule. D'avoir voulu fuir. Et moi, si je te dis ça, c'est parce que je t'aime et que je suis prêt à ce que tu saches tout de moi avant que l'on se marie tous les deux quand tu seras grande, tu saisis ? Cette jument, elle ne m'avait rien fait. Elle me faisait confiance.

Elle était là, prête à crever, la gueule ouverte.

Et j'ai fui.

Tandis qu'il se lamentait au pied de mon lit, je décelai en Gérard un homme faible, un ivrogne occasionnel qui cachait ses lèvres violacées derrière des poils humides. Comme cela, combien de morts ? Et surtout – car par-delà le crime, intuitivement, c'est ça qui me glaçait – comme cela combien de fuites et de détournements du regard ?

Après cette discussion, notre dialogue n'aurait d'autre réalité que lui-même, comme les visions enfiévrées qu'ont parfois les saints, après cette discussion, cette révélation de Gérard serait mon secret. Pas mon trésor, mais ma plaie. Une plaie sale.

Ma candeur prit fin le soir où mon père se mit à me répugner. Tandis qu'il geignait à mes pieds, je me mis à compter les secondes qui me séparaient du moment où Annie remonterait de sa buanderie et, ouvrant ma chambre pour s'assurer que j'étais bien couchée, tomberait non seulement sur mon père, mais sur sa bassesse, celle qu'il me confiait alors et qui, je le pressentais, me collerait longtemps à la peau. Je me souviens d'avoir compté les secondes en observant les poils sur les lèvres de mon père. J'attendais là, immobile, que ma mère tombe sur Gérard et, avec les restes de ma petite enfance, qu'elle emporte l'image de ce corps veule.

Pour ma défense (1/3)
(*Gérard par Gérard, notes pour autobiographie*)

Des tuyaux dans ma gorge.

Quand je me suis réveillé, j'ai cru que je sortais du sommeil, avant de comprendre que je sortais du coma. Les tuyaux : j'ai essayé de tousser pour m'en débarrasser. J'ai toussé. Essayé de respirer. Impossible. Impression qu'on m'enfonçait une fourchette dans la trachée. Voyais flou. Périmètre de vision réduit à quelques centimètres. Devenu un moignon. Plus de corps, plus d'espace. Pris au piège. Les marcassins, quand on leur tire dessus.

Un homme en blouse blanche s'est penché sur moi et m'a demandé si je l'entendais, si je savais qui j'étais, où nous étions, si je me rappelais ce qui s'était passé. Voulait savoir si j'avais des souvenirs.

Connard, je n'ai plus que ça, des souvenirs.

Pouvais pas parler → tuyau dans ma gorge, l'homme en blanc m'a tendu une ardoise pour écrire les réponses au Velleda noir.

Il m'a demandé mon nom, mon adresse, ma date de naissance. J'étais fier de voir qu'il ne me considérait pas comme un légume. J'avais gardé une dignité, comme *(rayé, illisible)*.

Il m'a demandé si je me souvenais de la date. De ce qui m'avait amené ici.
J'ai hoché la tête. Me souvenais de tout. Il m'a demandé si je me rappelais qui était avec moi dans le bateau. J'ai écrit : Rebecca.

« Elle est morte cette petite-là, monsieur. »

Rien pu répondre. Il m'a demandé si je me souvenais de quelqu'un d'autre. J'ai hésité, puis j'ai écrit : Jean.

« Il est mort aussi, ce petit-là. »

Il a dit ça exactement sur le même ton. Ça m'a gonflé. J'ai vite écrit le nom de ma femme sur l'ardoise pour qu'il arrête sa compassion.

Air d'enculé, il a soufflé par le nez, j'en ai déduit que là aussi c'était foutu. Je voulais pas que ça continue, alors j'ai pris les devants. J'ai arraché les tuyaux qui sortaient de ma gorge et *(rayé, illisible)*.

Il faut croire que j'y ai mis toutes mes forces parce que le médecin a poussé un cri d'enfoiré et a appuyé sur le bouton rouge pour appeler du renfort. Les infirmiers ont débarqué à toute vitesse.

Qu'est-ce qui s'est passé après ça ?

Ça me fait mal d'y penser aujourd'hui, surtout de penser au visage de ce type qui venait apporter la mort. Je me réveillais dans un paysage de cendres. Je lui en ai voulu comme jamais.

Même si, bon, je sais maintenant qu'il n'y est pour rien.

Et puis, Ingrid n'était pas morte. Elle est arrivée à l'hôpital l'après-midi même. Elle était maquillée, c'était bizarre. Elle avait au milieu du visage ses yeux verts comme de l'eau. Et un truc blanc pour cacher ses cernes. Normalement j'adorais sa peau. Ça lui ressemblait pas, de la couvrir, mais personne d'autre que moi ne voyait ça, j'imagine. C'était bien foutu.

Elle était quand même très belle.

Ça m'a ému, qu'elle se soit maquillée pour venir voir un mort-vivant à l'hosto. Un type qui n'avait plus qu'un rein. Un type au bras atrophié. Qu'elle se soit faite belle pour ça. Ce machin que j'étais devenu. Ça m'a touché. C'est tout ce qui m'a touché en fin de compte.

Le reste était glacé.

Tout de suite vu qu'elle m'en voulait.

Elle n'aimait pas des masses le principe de l'ardoise entre nous. Ce n'était pas ma faute, ni la sienne, mais ça a pesé. Il y a des choses qui n'aident pas. Et puis je n'aimais pas la voir contrariée d'être là contre son gré.

Il ne faut jamais être quelque part si on veut pas.

Tu ne veux pas être à un endroit, tu dégages. Alors après qu'elle s'est plainte qu'il n'y avait pas assez de lumière dans la pièce, je lui ai conseillé de déga-ger. Via l'ardoise.

J'ai mis les formes pour ne pas la brusquer, j'ai écrit : « Tu peux dégager, si tu veux. »

Elle n'a pas eu l'air de remarquer que j'y avais mis les formes.

Elle n'a eu l'air de rien en fait.

Elle m'a quand même embrassé sur le front. Puis elle est partie.

Ma mère n'est venue me voir qu'une fois à l'hôpital. Elle aussi maquillée.
Avait mis un tailleur du dimanche, portait le par-fum que je lui avais connu enfant, toujours le même (rayé, illisible). Depuis 35 ans. Ses cheveux étaient blancs, teinture. Elle avait fait un effort.

Mais il a suffi que nos regards se croisent pour comprendre qu'elle aussi m'en voulait. Qu'elle m'en voulait à vie *(écriture manuscrite :* à mort). Que j'étais responsable de la mort de ses petits-enfants, la fin de tout. J'aurais dû mourir à la place des morts. Il était *injuste* que je vive encore. J'ai compris ça en un coup d'œil. En une seconde. Elle m'a quand même parlé cet après-midi-là. A fait l'effort de me parler, de me raconter des conneries, de prendre de mes nouvelles. Elle jouait à l'amour. Je la voyais jouer. Me suis demandé combien de temps ça durerait. Pas longtemps.

Une heure après son entrée dans ma chambre, elle a accéléré ses gestes. C'était dur de cacher son impatience. J'ai vu Colette penser à l'extérieur, à ce qu'elle ferait après. Vue me parler sans y croire. Vue regarder ailleurs. Vue avoir hâte de partir. Vue ne pas m'aimer.

Après ça, les jours sont devenus interminables. J'ai essayé des choses, pour m'en sortir.

De la vie, je veux dire.

Arracher les tuyaux de ma gorge, planquer les médicaments sous mon matelas, les jeter par la fenêtre, j'ai essayé. Mais je me réveillais chaque fois, dans la même chambre, avec la même voisine et les mêmes tuyaux, la même blancheur partout, la même horreur à vivre encore.

Ça a duré des jours. C'étaient des jours bizarres, au pays de la léthargie.

Des jours à revisiter mon enfance, aussi. Né en 1954, Digne-les-Bains. Ville de Jean Valjean. Né pendant la guerre froide. Après que ma mère a aimé un Allemand, s'est fait engrosser par un Français, a décidé de garder l'enfant – moi – et de vivre une vie dont elle ne voulait pas. Pas grand-chose à dire sur mes premières années sur terre.

Une maison bien chauffée, des animaux, les voisins qui parlaient mal, père bourré, mère violente. Vie du Sud, banale.

À l'école, j'étais pas mauvais, surtout en rédaction. Un peu turbulent peut-être. Surtout avec La Gaule et Le Pif. Ai quitté la maison à 15 ans, pour m'engager dans les mousses, comme mon grand-père maître canonnier. Meilleure décision de ma vie. J'ai obtenu mon pompon rouge. «Mousse, sois toujours vaillant et loyal!» : on criait la devise sur le pont avec Le Gras.

Ensuite, je suis passé dans la marine. De bonnes années. Des efforts, des récompenses. Puis j'ai eu 20 ans : j'étais aux États-Unis, dans la marine américaine, à Chicago, je suivais les cours de technicien du missile antiaérien RIM-24 et je me suis dit que ma vie était là, qu'il fallait que j'en fasse quelque chose. Je me suis lancé quelques défis. Certains ne correspondaient pas à ce que mes supérieurs attendaient de moi, hélas. Ça m'a valu des renvois.

Le défi d'avoir un enfant, je l'ai réalisé avant mes 30 ans.

J'ai aimé Rebecca. Et j'ai aimé Jean.
Puis j'ai merdé, si je puis dire.
Et tout le monde est mort.

Je raconte les choses dans le désordre parce que c'est dans le désordre que la vie se passe *(suite rayée et illisible)*.

Ça a duré des jours, la dépression.

Puis un matin, comment dire ? Je me suis réveillé dans un autre pays. Dur à expliquer. Encore aujourd'hui, je ne comprends pas. Un matin, le décor avait changé.

Une histoire de contours. Je regardais les contours de l'infirmière qui s'occupait de notre toilette, à ma voisine de chambre et à moi, les contours de son cul, musclé, que je devinais à travers sa blouse, un cul jeune, habitué au footing, je devinais les contours de sa poitrine aussi, qui se découpaient sur le mur d'en face alors qu'elle se tenait droite, relevant la petite seringue qu'elle venait d'appliquer dans le cul voisin, je regardais les contours de son ombre sur le mur et ces contours me donnaient envie de bander. Les contours étaient nets.

Donc je n'étais pas mort. Et alors que je découvrais ça, au soleil et en érection, je tirai une conclusion.

Puisque je n'étais pas mort, j'allais vivre.

II. LA TACHE
(LONDRES, 2010)

«Dans les contes, c'est dans la forêt que l'on abandonne les enfants; dans la forêt obscure. Mais cela n'exclut pas, en réalité, les supermarchés, les aires d'autoroute,
les parvis d'église. La forêt obscure étant la cruauté. La
forêt obscure étant l'incompréhension.»

Jakuta ALIKAVAZOVIC, *Comme un ciel en nous*

1

La scène est toujours la même : nous venons de faire l'amour, l'homme est sur le point de jouir et je suis seule avec mon ennui, à regarder fixement la tache du plafond. L'homme, je le vois du dessous, concentré sur son action, absent à ma propre présence, je le vois tout à son plaisir et, ne parvenant pas à faire corps avec lui, pensant trop, l'observant trop, je lui demande alors, s'il te plaît, de me faire entrer dans le sommeil bleu. Oui, je t'en prie, annule-moi. Cela peut se passer avec les mains, avec un drap, une écharpe, un pantalon ou un simple tissu passé autour du cou. Souvent, il n'y a besoin de rien formuler. Parfois, tout de même : est-ce que tu peux m'étrangler, légèrement ? Je vais jouir, si tu le fais. Alors il ose, d'abord timide, il avance ses mains ou son écharpe, et puis soudain, ragaillardi par mon sexe qui tremble ou qu'il croit sentir trembler, il serre de plus en plus fort, il insiste, va jusqu'à me faire mal, il blesse et, alors qu'il blesse, il jouit, il jouit alors que je crois mourir. Est-ce cela, l'amour ? Nous nous relâchons, nous reposons sur le ventre, et il me demande ce que j'ai vu. Une étendue bleue, je dis : j'ai vu l'océan. Il n'en demande pas plus.

J'ai pratiqué le sommeil bleu avec tous mes premiers partenaires sexuels jusqu'à Raphaël. D'autres appellent cela le jeu du foulard, le cosmos ou le sommeil indien. S'étourdir jusqu'à ce que les couleurs tournent. Comme un rite sexuel, imposé à tous les hommes que j'ai emmenés jusqu'à mon lit, accepté par tous aussi, sans scrupule, sans crainte, adulé par tous peut-être, il faut croire que je les choisissais bien – que mon mal-être les excitait. Pour autant, il ne s'agissait pas de masochisme : s'il y avait eu le moindre pacte entre mes partenaires et moi, si, par avance, nous étions convenus d'un programme de douleur ou d'humiliation, je n'y aurais pas vu le moindre intérêt. Au plus vite, j'aurais fui. Ce qui me plaisait, ce n'était pas l'étendue de la souffrance, mais un instant infime où tout est en l'air et quand on sent qu'un risque est pris. On pourrait ne pas en revenir. La réalité tremble. Les contours se déforment. On pourrait mourir. On vit.

L'activité de danser, à cette époque, relève pour moi d'une pratique militaire. Avant d'être un art, la danse campe en moi comme sport de combat. Un sport exigeant une autodiscipline de fer, qui impose qu'on se lève à l'aube chaque matin, qu'on s'étire sans petit-déjeuner, qu'on éprouve chaque jour la vie comme un effort. Un sport délicieux, parce que apte à vous donner des courbatures au ressenti rouge, des crampes précises, des douleurs de pied acérées. Un sport à la violence intime et discrète, devenu mon métier.

Quittant mes paysages de Vendée, j'avais passé des auditions et, ayant obtenu celle que je désirais le plus, parce qu'elle me permettrait de quitter ma terre natale, j'étais partie vivre à Londres, une ville dont j'ignorais tout et que j'imaginais comme périphérie de Big Ben, où des bus rouges à deux niveaux, comme ceux peuplant mes livres de classe d'anglais au lycée, s'adonnaient à un ballet sans fin. Londres, capitale inconnue et pourtant sans mystère à mes yeux, que je ne prenais pas le temps de visiter, mais où j'habitais la nuit, où je dansais le jour, où je parlais un anglais approximatif et me taisais surtout, Londres où je ne mangeais plus et où je faisais l'amour comme on fait la guerre, au moins trois fois par semaine, avec des hommes différents, rencontrés sans effort, jour et nuit, dans les rues, les pubs et les studios de danse.

2

Je détestais qu'on me dise que j'étais belle ; pire : jolie ; pire encore : mignonne. J'y voyais une insulte à mes efforts. Ce dont j'avais la sensation : qu'on m'attrapait alors dans cette toile d'araignée qu'était le regard des hommes, qu'on me dépossédait de ma technique, de mon travail, me réduisant à devenir un bibelot désirable. Dans le mot « joli », je ne voyais pas le compliment, mais l'injure, une manière de rabaisser l'autre et d'en faire sa chose, toute petite de préférence.

Ce qui m'excitait davantage, c'était qu'on m'affronte franchement. Qu'on entame avec moi un bras de fer pour le pouvoir. Consciemment, inconsciemment, peu m'importaient les circonstances. Ce qui m'excitait, c'était : poing contre poing, combat de titans, maître et esclave, combat que je finissais toujours par remporter, avec le sommeil indien pour arme imprévisible.

À ma prétendue fragilité de jeune fille, aucun homme mûr ne résistait.

Et, à dix-huit ans, je tenais à ce que les hommes – a fortiori de pouvoir – plient. Sans doute pour me prouver à moi-même ma maturité, je tenais à être désirée par des adultes sûrs d'eux-mêmes. Ceux qui savaient, pensais-je, ce qui est digne d'être désiré et ce qui ne l'est pas. On mesure ma naïveté d'alors (le désir masculin étant tout sauf un instrument de mesure de dignité), mais peu importe, j'y croyais. Il y avait un plaisir à créer de la frustration chez ces hommes repus, un plaisir à les sentir, parfois, *encombrés* par leur désir, sans toutefois le satisfaire. S'y mêlait, chez moi, une forme de puissance qui conjurait, pour un temps, cette impuissance fondamentale : n'être jamais écoutée, jamais prise au sérieux par eux.

C'était, inconsciemment, un troc de frustrations. Je prenais l'œil des hommes à son propre piège : eux refusaient d'accorder du poids à mes questions et lectures, à nos discussions – tout ce qui comptait pour moi alors –, tenant à faire de moi *une chose*, et si possible sexuelle. Ayant conscience de ce désir, j'entrais en complicité avec lui le temps d'une discussion, d'un baiser sur les lèvres, d'une baise à contraintes quasi oulipiennes et, avant qu'il ne soit trop tard, sans jamais m'expliquer, je disparaissais.

La douleur physique permettait pour un temps d'écarter mes pensées. L'étranglement avait le mérite de me faire ressentir quelque chose, penser à autre chose. Mais cela ne me remplissait pas assez et, de plus en plus, je manquais d'énergie pour danser. Disparaître m'épuisait. Changer sans cesse de partenaire me laissait un goût âcre dans la bouche. Je mangeais de moins en moins, buvais de plus en plus, j'avais honte de la banalité de mon comportement et du ciel gris sur ma tête. Je détestais la ville de Londres.

3

J'avais fui mon coin sans peine, après avoir obtenu une audition à Rennes dont je ne m'explique toujours pas comment j'avais eu l'audace de la passer. N'importe qui aurait pu pleurer de l'avoir eue après tant d'efforts, mais, découvrant les résultats sur Internet, je n'avais pas même laissé échapper un sourire de contentement. J'avais pris acte de la victoire, sans manifestation affective. Digne, Lou, reste digne – me contentant de pincer ma main droite avec ma main gauche, de plaisir cette fois. Par la suite, je n'avais pas fêté la réussite de cette audition, pas plus que celle de mon bac, pas plus que je ne fêtais désormais mes anniversaires. L'idée même de célébration avait disparu de ma vie. Il n'y avait par exemple eu aucune scène d'adieu au moment de quitter la cellule familiale (cette expression : une sortie de prison). Tous les moments clés – rites initiatiques, cérémonies officielles – qui marquent la vie des familles normales, j'avais désormais l'impression de les manquer. De les regarder chez les autres, de ne pas savoir y faire. D'être en exil. Car après mon départ de la maison, il n'y a plus eu de maison. Plus de couple ni de famille. Plus eu à forcer de Noël, d'anniversaire, de grandes vacances ou de Nouvel An. Rien. Le silence. Éventuellement, ici ou là, un tête-à-tête. Ma mère et moi. Notre amour éternel et discret.

Mis à part ça, l'absence, et ma colère qui grondait, sourde comme une tempête qui se lève au loin, les animaux la sentent et prennent la fuite, les autres restent, oui, chaque fois, sans que je puisse la retenir, quand les amis, les connaissances, parlaient des courses de Noël, des préparatifs de repas du Nouvel An, des familles nucléaires, des barbecues en vacances, la colère qui bouillait en silence. Il fallait toujours tout faire pour préserver les grandes vacances. Pour maintenir intacts les trajets de train en vue de visiter sa grand-mère. D'assurer la bonne entente avec les cousins. Les oncles. Les tantes. Avant toute chose, leurs familles. Avant toute chose, ma colère. Ou plutôt non, pas la colère, comment aurais-je eu le droit d'être en colère contre le bonheur simple – évident – des autres ? Pas la colère donc, non, mais un chagrin infini dont la pudeur était l'agacement, un ciel ravagé au-dessus de la tête, une tempête constante comme atmosphère de vie, un sentiment de solitude irréformable. Une différence, que je ne cessai de consoler en dansant, c'est-à-dire en domptant, en maîtrisant, en maltraitant mon corps.

La danse, à mes yeux : une suite de gestes volontairement douloureux pour anéantir une douleur autrement plus menaçante. Un sauvetage, in extremis, une vitalité toujours sur le point de mourir. La danse, pour moi : une technique de survie. Et de cette technique spontanée, je fis mon métier. Danseuse professionnelle, qui l'aurait cru ?

Raphaël l'aurait cru, je ne vois que lui.

4

Il est au-dessus de moi : je ne vois que lui.

Son corps fin et musclé, le tatouage noir – un trait
fin, une sorte d'épée – qu'il porte sur l'avant-bras.
Nous nous sommes rencontrés quelques heures
auparavant, dans un pub de Shoreditch High Street
à la façade pleine de paillettes, aux néons excessifs,
presque inquiétants, comme si le bar avait les dents
trop blanches. Au milieu de ce dédale de lumières
anglaises, donc, il est français, je le suis aussi, et c'est
comme ça qu'on commence à échanger : parce que
nous sommes soulagés de trouver, au milieu du phos-
phore, quelque personnalité sombre avec qui parler la
langue de notre mère.
Il fait des études de médecine, pour devenir chirurgien ; il a bien conscience que c'est étrange, mais il
a délibérément choisi d'étudier en Angleterre, là
où la sélection ne se fait pas à la fin de la première
année, mais dès la réception du dossier. D'un bon
niveau d'anglais général, il voulait passer bilingue, se
donner la chance de pouvoir travailler ailleurs plus
tard. N'être pas coincé sur un territoire à jamais. Et

toi ? demande-t-il – parler de lui-même l'embarrasse, je le vois aussitôt qui regarde ailleurs, qui ne s'aime pas assez pour se placer au cœur, et ses esquives me plaisent. Je lui explique que je danse. Il n'y connaît rien, comme la plupart des gens, mais trouve ça, quoi, *intéressant* ? Nous parlons très vite des blessures du sport extrême, de nos corps. Parce qu'il étudie la chirurgie, il est précis et m'invite à parler sans pudeur superfétatoire – il me questionne sur la lésion microtraumatique que je présente au niveau du talon, ne s'effraye pas de m'entendre évoquer le test de la pince coupante ou une ancienne périostite tibiale, se passionne pour les exercices à la barre que je pratique à longueur de journée et semble prendre, dès les premiers mots que nous échangeons, la mesure de ce que j'impose quotidiennement à mon corps. Nous recommandons un verre en nous extasiant à propos de la beauté des noms d'os. Notre humour est parfaitement noir, mes lèvres rouges – il met un temps fou à m'embrasser.

Puis je lui mordille la lèvre et tout va très vite.

Nous nous retrouvons devant mon petit studio sombre, juste en face de l'arrêt de métro Aldgate East. Je ne lui propose pas de monter, il me passe la main dans les cheveux, je lui propose en revanche de les tirer, il rit et m'embrasse de plus belle, sans rien perdre de sa douceur. Nous montons les escaliers comme deux chats ivres et complices, je le déshabille, il retire ma culotte, se caresse le sexe, embrasse le mien, nous nous léchons timidement l'oreille, le téton, voracement le bas du ventre. J'allume la lumière, cherchant un préservatif, il me sourit, ses yeux plissés comme si la lumière lui faisait violence, je lui souris aussi, il frotte son sexe de plus belle, accélère sa respiration, défait l'emballage jaune fluorescent de la capote, impatient d'habiller son prépuce, me dit quelque chose de sensible et vulgaire à la fois puis pousse un grognement qui m'étonne, et soudain : du sang gicle autour de nous.

Des gouttelettes rouge hémoglobine, qui tombent et tachent nos corps nus – nos corps immobiles, paralysés par l'événement, tandis que nos esprits essayent de se rattacher à quelque image connue, scène de meurtre de téléfilm, assassin caché dans le placard, évanouissement morbide, quelqu'un vient-il d'être poignardé ?

Le sang, encore plein d'oxygène, brille sous la lumière de mon appartement et son éclat fluorescent réveille, dans nos esprits, les monstres tapis de l'enfance et la terreur de mourir. Le vif de la couleur ranime un monde de désir et d'angoisse mêlés, un monde rouge et passionné : la première fois que nous faisons l'amour, une pluie de sang tombe sur nos têtes, comme dans l'Antiquité des animaux crevés dégringolaient du ciel, embarqués par les tornades pour annoncer – selon les croyances – la fin d'un monde ou la venue d'un nouveau.

— C'est mon frein, explique Raphaël, maintenant la main fermement sur son prépuce, un zeste de panique dans les yeux, s'efforçant toutefois de se ressaisir, de garder son sang-froid, si j'ose dire, de se souvenir de ses cours, d'agir comme un homme.

Et de mon côté, les yeux grands ouverts, le visage blanc, prête à m'évanouir à la vue de ce sexe en sang. Nos regards se croisent, nos paniques s'entre-choquent : nous éclatons de rire.

Tout est dans ce rire, un rire prosaïque et astral où nos âmes paraissent se reconnaître, ridicules et nues ; ce rire contient toutes les années que nous vivrons par la suite, chacune des disputes et des réconciliations, les fois où nous ferons l'amour avec une délicatesse redoutable, une puissance contenue, un sens infini de l'absurde. Notre histoire commence comme ça, sur un coït raté mais fou de désir, sur un rire dégueulasse et tendre, un éclat de bête amoureuse.

Notre histoire commence dans quelque chose que nous ne pourrons raconter à personne, elle commence dans un secret, au milieu d'une terre étrangère et d'un appartement glauque. Notre histoire commence n'im-porte comment et dans le sang, comme toutes les véri-tables naissances.

5

Dans ce pub, quand je l'ai rencontré, ce sont ses mains qui m'ont marquée. Ses mains n'avaient pas besoin de tenir quelque chose pour être puissantes. Ni flingue, ni stylo, aucun outil, rien : il avait les mains désarmées. Des mains aux doigts longs, effilés, des mains de pianiste ou de chirurgien. Son corps était fait du même bois, un bois sec et résistant – je l'apprendrais : il ne tombait jamais malade –, aucun besoin de se faire plus grand ni musclé qu'il ne l'était, il était là, tel qu'en lui-même. Calme. Oui, quand je l'ai rencontré, ce sont ses mains qui m'ont saisie.

Ses mains et son calme. Ce n'était pas un calme démissionnaire : c'était le calme d'un homme centré, qui respire avec le ventre et n'en fait pas toute une affaire. Le calme d'un homme qui sait où il va, et pour qui la rétention n'est pas une lâcheté, mais le fruit d'une lutte intérieure. Un calme viril. Et cette virilité, aussitôt, m'a apaisée. Je ne sais pas comment mieux résumer la qualité de ma relation avec Raphaël que par cette anecdote : il fut celui qui m'autorisait à avouer, dans un sourire pudique, que parfois j'avais mal. Au début, tout me sembla trop doux dans cette nouvelle manière de faire. La violence et le sexe me semblaient devoir être intimement liés – faire autrement, je ne voyais pas. Ça ne m'intéressait pas.

Tire-moi les cheveux, annule-moi, lui demanderais-je plus tard, dans un souffle, ma bouche entre ses cuisses. Pas envie, répondrait-il du bout des lèvres, sa malice souveraine. Et il se dégagerait – oublie le sang, Lou, laisse-moi faire, ne pense plus, n'anticipe plus. Nos deux corps se renversant alors dans une chorégraphie brouillonne où je ne pouvais m'empêcher de comparer nos souplesses respectives, tiens donc, il était raide, ce Raphaël, debout, il ne parvenait sans doute pas à toucher ses pieds sans plier les genoux. Des pensées comme celle-ci me passaient par la tête, ne pouvaient pas ne pas me venir en tête, mon corps était mon instrument de travail, la souplesse mon métier, à mes yeux, le sexe faisait figure d'impératif professionnel. Il fallait faire l'amour pour être socialement acceptée, intégrée, voilà tout, le sexe était quelque chose qu'on se devait de. Raide Raphaël, certes raide, mais si violemment doux. Et ce fut quand ses lèvres touchèrent les miennes, les autres, que je le compris en une déflagration. La douceur me ravit, du verbe « ravir » – prise d'otage et perte de conscience.

La douceur m'avait pourtant toujours paru contre-nature. Dans les caresses, dans la compassion, dans un sourire tendre, je décelais un piège. Quelque chose qui, sans prévenir, allait m'engloutir. Des appréhensions idiotes : les cheveux longs, les hanches généreuses et, par-dessous tout, va savoir pourquoi, la couleur rose me terrifiaient. L'idée qu'on puisse me voir habillée d'un pull ou, pire, d'une robe fuchsia suscitait chez moi une angoisse – un *tout sauf ça*. Je craignais le mépris des hommes comme les animaux le feu : j'aurais tout fait pour y échapper. J'avais coupé mes cheveux en un carré court à quinze ans, je ne m'habillais que de joggings noirs ou mauves, de tee-shirts amples et de baskets d'imitation Adidas. Volontairement, j'avais baissé ma voix d'un ou deux tons. Au quotidien, j'étais silencieuse et abrupte. Je ne comptais pas revenir là-dessus.

La féminité, basta.

Sauf que, après notre rencontre, tous mes principes s'effondraient. Après ma rencontre avec Raphaël et après qu'on eut fait l'amour, ma première envie fut d'aller acheter une robe. C'était en août, je revois la ville vidée, aride et chaude et j'éprouve encore ce que j'éprouvais alors, quand je me lançais dans la rue en quête de ce vêtement souple que je pensais pourtant avoir banni à tout jamais de ma vie.

Une confiance en moi inouïe. Une confiance que je n'avais jamais éprouvée. L'envie de montrer mon corps, pas mes efforts, pas ma souplesse ni mes muscles, non, mais mon corps, mes cuisses, mes hanches, ma peau, le galbe de mes fesses, la rondeur de mes seins, toutes ces choses qui m'avaient toujours paru immorales, inutiles, interdites, l'envie de les offrir au soleil, l'envie d'essayer toutes les robes du monde, et de tourner sur place pour qu'elles puissent voler dans les airs, l'envie d'être libre et de sourire, l'envie d'être belle – l'envie de plaire à Raphaël, l'envie de lui plaire aujourd'hui et dans dix ans, dans vingt ans, oui, ce jour-là je sus, avec une puissance instinctive jusqu'alors jamais éprouvée, que j'aurais chaque jour l'envie de lui plaire encore.

6

Au contact de Raphaël, peu à peu, ma manière de danser se mit à changer.

Je quittai le régime militaire pour rejoindre les abysses. Cela prit un moment, cela se fit sans que j'en aie tout à fait conscience, mais voilà : je dansais désormais à nouveau comme on nage. M'importait la fluidité des gestes plus que la performance, m'importaient l'élan, la flottaison, m'importaient les créatures qui surgissaient autour de moi, la complicité aquatique éprouvée sur scène.

La compagnie s'apercevait-elle de ce changement ? Je le crois.

Nos répétitions, dans un local beige à proximité du Barbican Center, changèrent en tout cas d'allure pour moi : si jusqu'alors je rejoignais les douze autres danseurs de la troupe avec le sentiment du devoir à accomplir, désormais j'éprouvais du désir sur la Metropolitan Line, écoutant ce que je n'avais pas entendu auparavant : la musicalité inédite, si anglaise, de ces voix masculines qui, dans les haut-parleurs, régulaient la circulation.

La danse peut être une manière de tenir son corps ou bien une façon de le libérer, les deux à la fois de préférence. Après avoir longtemps été carcérale, elle devenait pour moi une chance d'approcher l'animalité ; une façon d'étendre l'alphabet des gestes et des attitudes possibles. Sans le savoir, je posai à compter de cette période, dans ma façon de danser, les prémices de ce qui deviendrait la Meute, compagnie que je formerais quelques années plus tard – ce dont je n'avais alors aucune idée. Le geste que je préférais, cette année-là, celui qui, aux yeux de la compagnie, était même devenu un *geste signature*, était un lancer de main – pareil à un lancer de javelot – que toute l'énergie de mon corps traversait en un instant, comme aimantée par l'extrémité de mes doigts : tout allait se blottir sous mes ongles et, à la pointe des phalanges, j'avais la sensation – intense, quoique fugace – de tenir une boule de feu. Oui, c'est encore l'expression qui me semble la plus proche de ce que j'éprouvais alors, de ce que j'éprouve toujours quand je danse : du feu sous la peau.

Il avait fallu faire tant d'efforts physiques pour s'extraire de la vie qui, dans l'enfance, avait été proposée à la maison, et à la fois l'inverse : tout m'avait d'emblée été suggéré par la présence de Gérard et d'Annie, par leur manière d'être et d'éduquer. Il avait à la fois fallu fuir, et il avait fallu garder ses origines auprès de soi. Auprès et loin des villes, auprès et loin de la mer, auprès et loin de la violence, auprès et loin de mon père, j'avais appris – comme l'apprennent tous les déplacés et les incertains – l'art du grand écart. Devenir danseuse dans ces circonstances avait coulé de source.

Danser : une logique d'écartèlement, d'incapacité à se fixer, de non-aptitude au repos.

180

Danser : l'art des changements permanents et de l'immatérialité.

Danser : l'art de la mobilité, un lieu commun du XXIᵉ siècle.

Danser, c'était se savoir banale et rare, brûler de l'intérieur, s'élargir sans le montrer. C'était laisser sa vie intérieure s'ensauvager et dicter sa loi : laisser tous les non-dits s'exprimer en mouvements, tout remonter à la surface de la peau et vibrer. Danser, c'était imploser. Et rien ne me donnait à l'époque une telle sensation de liberté et d'existence que cette pratique du corps.

Rien sauf, peut-être, l'amour que nous faisions avec Raphaël.

*

Car chaque soir ou presque, après la chirurgie, après la salle de sport, après la nervosité du métro et nous être échinés à converser dans une langue qui n'était pas la nôtre, après les efforts et la fatigue, à la tombée de la nuit, nous nous retrouvions, parlions et faisions l'amour avec voracité. Notre sexe n'était pas dénué de violence ; aucun sans doute ne l'est jamais. En revanche, il était exempt d'unilatéralité. Nous nous passions le pouvoir, échangions, jouions, renversions. À l'horizontale, nous faisions la même taille. Et à la verticale, le lendemain matin, il posait sa tasse de café en équilibre sur ma tête en demandant, fier de sa blague :

— Tu crois que je te domine trop, là ?

Au bout de quelques semaines, peut-être un mois, assurément vite – tout presse quand on a vingt ans –, je lui avais raconté mon absence de communauté, ma volonté de ne jamais en recréer la moindre, la rupture avec le concept de famille, consommée, totale. Rien, nada. Ça ne passerait pas par moi. Il avait ri et, pas effrayé pour un sou, il m'avait raconté l'autre version des choses, la sienne.

Sa famille était fière. C'est la première chose dont il m'avait prévenue : si ma famille était un animal, je parlerais d'une horde de coyotes. Tu sais, ce machin bizarre, renard sombre, qui se tient en haut de la colline. Si ma famille était un animal, ce serait ça : sa ruse et sa solidarité, inattaquables. Tu vas voir, m'avait-il dit, c'est une famille soudée, capable des pires mesquineries envers qui n'y appartient pas. Elle vous adopte ou vous éjecte. Il vaut mieux s'en tenir à distance, si tu veux mon avis. Mais enfin, si tu as envie de venir manger chez nous, ma mère t'invite.

Le dîner, je l'avais compris, vaudrait test. J'avais déjà vécu ça dans l'enfance avec la famille de Victor, il m'avait été donné de sentir ça à Londres aussi, avec quelques amis de la compagnie ; les tests, désormais, je connaissais, le jeu de la barbichette, je maîtrisais. Et comme je savais me montrer sympathique, mes hôtes étaient toujours ceux qui riaient les premiers. Il y eut, bien entendu, une première demi-heure d'incertitude. Dans leur maison sur les hauteurs bourgeoises de Marseille, je pénétrai d'abord sans crainte : les parents de Raphaël aimaient la danse et l'art, de manière générale. Et puis, culturellement bourgeois, ils restaient assez vulnérables sur le plan économique pour ne pas mépriser leurs semblables.

— Lou, nous sommes ravis de vous rencontrer, m'avait assuré Lidia, dès mon entrée dans la maison.

Partout chez eux des livres, des bibelots, des œuvres allant de la pâte à sel du petit dernier au bouddha taillé dans du marbre rose. Et au fond du salon, donnant à toute la pièce son allure, le tableau d'un coyote. La métaphore de Raphaël avait donc ses raisons.

Lidia me proposa un verre.

— Voulez-vous, oui ? Un Martini ? Je les préfère blancs.

Elle me lança un regard plein d'une malice codée, mais ne me proposa pas de la tutoyer, et nous commençâmes à parler sur un fond de jazz diffusé dans la maison comme un parfum d'ambiance. C'est à ce détail que Gérard avait commencé à me manquer : pour lui, la musique n'était jamais un fond sonore, mais toujours un moment. Johnny Hallyday, non comme décor artistique, mais comme promesse d'événement. Une simulation d'AVC, quelque chose. Mais ici, du jazz de fond. Sur quoi nous avions parlé de tout, de rien, de rien surtout, de mon travail au Barbican, de la réputation changeante des compagnies anglaises ces dernières années, de l'époque qui laissait à désirer, ou précisément non, de l'époque qui ne laissait plus assez à désirer – elle avait souri, elle souriait en permanence.

Arrivés au fromage, nous avions quitté le champ professionnel et les discussions sociétales de convenance pour nous aventurer ailleurs, en un terrain bien plus risqué. Lidia, sans chercher à mal, avait commencé à m'interroger sur la famille.

Et vos parents ? Je les aimais, voilà tout. D'accord, c'était une bonne chose, mais que faisaient-ils ? Alors j'avais expliqué. La police, l'école maternelle. Et vous les voyez souvent ? Je n'avais pas su quoi répondre, que voulait dire «souvent»? Raphaël ne voit pas souvent ses cousins, avait repris Lidia, il boude un peu les fêtes de famille. Et jetant un œil à son fils : vous ne pourriez pas lui dire, vous qui êtes désormais la femme de la maison, de faire un effort ? Je ne pouvais pas lui dire cela, non, mais j'avais commencé par sourire.

Que s'était-il passé ensuite ? Qu'avais-je bien pu répondre qui fasse tout disjoncter ? Que moi, personne ne m'en proposait, de fêtes ? Que je croyais détester cela, parce que en réalité je n'y connaissais rien ? Que je ne comprenais pas même ce qu'elle me demandait de demander à son fils ? Comment avait-elle pu si mal interpréter ma présence ?

Comment avait-elle pu voir en moi la possibilité d'une *belle-fille* ?

C'est à ce moment précis qu'avait eu lieu la tentative de greffe – et son rejet sans appel.

C'est là qu'avait eu lieu le drame.

— Nous serons pour vous la famille qui vous manque, nous vous inviterons, Lou, avait osé Lidia, avec un regard qui me fit penser à un piège. L'entendant me dire ça, *nous serons votre famille*, je l'avais perçue : chacal américain, coyote, qu'importe, j'avais senti les crocs prêts à se refermer sur mon cou, senti la menace de cette famille vampire, j'avais senti la traque. Et d'instinct, j'avais tout quitté.

La table, le repas, la tentative d'adoption, la politesse. J'avais rompu d'un geste de chaise sec. Bredouillé une vague désolation, et, sans explications supplémentaires, j'avais fui.

184

Manteau attrapé d'un geste, porte ouverte, sac sur l'épaule, escalier dévalé en quatrième vitesse. Dehors, j'avais respiré bruyamment dans la nuit retrouvée.

Ce froid, qui réveillait les pores de la peau. Le nez piquant. Les lèvres assiégées. La lune souveraine et le désordre des trottoirs. Raphaël, qui m'avait rejointe aussitôt, soulagé de cet événement inattendu, de cette crise légère venant couper court aux loyautés familiales qui le mettaient mal à l'aise. Raphaël avec qui j'avais alors marché dix minutes en silence, un rire contenu mais silencieux, savourant le mordant de la nuit, jusqu'à ce que nous nous tournions l'un vers l'autre et, avec un impérieux désir d'extérioriser, nous demandions où, désormais que nous avions l'un et l'autre quitté nos foyers, nous allions pouvoir nous réfugier pour faire l'amour.

7

D'ordinaire, c'était chez lui, toujours. Depuis la première fois, nous n'étions plus retournés chez moi. Parce que la pluie de sang, et que nous étions sans doute superstitieux, mais aussi, c'était moins conscient et moins dicible, mais cela participait de notre décision, parce qu'il y avait sur mon plafond une tache. Une grosse tache déprimante.

Au premier réveil dans mon petit appartement, j'avais aussitôt identifié cette sombreur. Un nuage anguleux : sans doute une tache d'humidité, quoiqu'on eût tout autant pu croire, si elle ne s'était pas tenue si loin de ma cafetière, à une tache de café ou, mais c'était peu probable, à un reste de sueur. C'était comme si le plafond suait une vie antérieure. Dans cette tache, je devinais la mauvaise humeur des anciens locataires de l'appartement, je me figurais quelques camés, projetant dans le ciel de la chambre des rêveries noires et sous LSD.

Il m'était difficile d'être tout à fait au sexe alors que cette tache humide et sombre planait au-dessus de nous comme un mauvais présage qui tait son nom. Alors, après cette fois unique, nous n'avions donc plus fait l'amour que chez lui.

Chez lui, c'est-à-dire dans un autre appartement d'étudiant, un autre appartement impersonnel aux morceaux de peinture décollés et aux meubles blancs sans âme, meubles industriels attrapés en solde ou en urgence dans un vide-greniers. J'aimais cet appartement laid à crever et, au bout d'un moment, abandonnai complètement ma propre location. Pendant six à huit mois, je ne retournai plus dans mon appartement d'Aldgate East – la station même, dans mon esprit, semblant empoussiérée, noircie, un film en noir et blanc. Puis un jour, je décidai tout de même d'y passer. Le matin, je m'étais réveillée chez Raphaël avec une araignée dans la bouche – c'est étonnant comme un insecte minuscule peut vous paniquer – et avais conclu, de ce drame improbable qui me rappelait à l'étrangeté d'habiter chez quelqu'un d'autre, qu'il était temps d'aller vérifier ce que devenaient mes quatre murs à moi. Alors, tandis que le soleil se couchait, je m'étais allongée sur mon lit comme je l'avais fait un an plus tôt. Vaguement satisfaite de ce qu'était devenue ma vie depuis lors. Jusqu'à ce que – en levant la tête – je découvre cette chose folle.

La tache s'était évanouie. Toute seule. Partie. Comment avait-elle pu se résorber sans l'aide de personne ? Ou alors quelqu'un était-il passé ? Le propriétaire vadrouillait-il parfois dans ma location sans m'en avertir ? Était-ce bien légal ? Que connaissais-je au juste de la juridiction anglaise ? N'avais-je pas honte de m'improviser ainsi juge d'un homme dont je ne savais rien ? Cet homme, mon propriétaire, rencontrait peut-être de graves problèmes de santé, et moi je me focalisais sur la disparition d'une tache ? Et s'il était passé ici pour être en paix ? Et s'il était passé ici faire l'amour ? Et s'il m'avait surprise, en pleine strangulation, et s'il avait voulu en voir plus ? Et s'il était pervers ? Et s'il était désirable ? Et si cet homme n'existait plus ? S'il était désormais une femme ? Si cette femme était rousse – pardon, blond vénitien ? Mais pourquoi est-ce que je me racontais toute cette histoire ?

C'est que, pendant ces mois à Londres, j'avais tout à fait oublié mon père.

Comme la tache, le père. Résorbé. Rien de lui ne me venait, ne refluait. Je vivais, je rencontrais. Je me croyais capable de tomber amoureuse. À Gérard, je ne pensais plus.

La tache avait disparu.

8

On croit échapper à ce qui nous hante, et tout ressurgit.

Mon portable vibra à 4 heures, cette nuit-là. Raphaël s'agita et, ensommeillé, me sourit mollement, comme à une autre, puis grommela et se retourna. Sous mon oreiller, je lus alors ce nom qui comptait triple et j'ouvris le message.

«Loupiote, je serai à Londres mardi 29, dans trois semaines.

«Un verre le soir, si tu veux. Bisou. Gérardopapa.»

Gérardopapa, c'était enfantin et absurde, c'était bien lui. Je n'avais plus pensé à cet homme pendant de longs mois, et ce signe arrivait sans prévenir, comme un visage familier dans la foule d'une fête où l'on se croyait libre de retirer son tee-shirt en tout anonymat. Les messages qu'on avait fini d'espérer à force de les attendre deviennent des accidents et prennent l'allure de visages qui reconfigurent le décor.

«Loupiote.» Franchement, ce surnom, on croyait rêver. Comment trouver le sommeil après ça? Je décidai d'aller marcher. J'ouvris doucement la porte de la chambre, comme pour aller aux toilettes, et enfilai un manteau par-dessus mon pyjama. Le sommeil de Raphaël était une panna cotta ferme et onctueuse, il ne m'entendrait pas.

Comme souvent, je décidai plutôt de m'en remettre à la nuit ; dévalant l'escalier de l'immeuble sur la pointe des pieds, je retrouvai le mordant du froid et de la vie urbaine assoupie. Il n'y avait personne dehors, que la meute des voitures au repos.

D'abord, cela me rassura, et puis, après quelques secondes à déambuler, une étrangeté me frappa. Toutes ces voitures étaient tournées dans le même sens. Leurs visages vers le mien.

Les voitures, cette nuit-là, avaient des allures d'animaux au repos ou de monstres immobiles prêts à se réveiller et à rugir. Je marchais en sentant la menace du troupeau. Il y avait les anguleuses aux yeux rectangulaires, comme si elles les plissaient d'un air revêche, comme pour préparer une saillie cruelle. Les rondes qu'on disait mièvres, gentilles mais pas finaudes, aux fesses bien rebondies, qu'on aimait avant tout pour leur cul. Il y avait aussi les élégantes, les presque snobs, celles de la haute, voitures qui impressionnaient à la manière de ces bourgeois aptes à prononcer n'importe quel nom étranger avec un parfait accent. Les Quattro blanches, leur air sexy et arrogant : on voulait leur faire l'amour et partir au petit matin. Les voitures à l'ancienne, sympathiques trois-chevaux qu'on aimait rencontrer pour qu'elles nous racontent leurs histoires. Il y avait les gros pneus m'as-tu-vu aux airs de culturistes, caoutchouc et arrondis de la carrosserie, ondulations excessives, comme pour souligner la courbe des biceps, attester de la force du véhicule.

Puis il y avait les anodines, celles qu'on ne remarquait pas. Les grises, les bleu marine, les noires cherchant à se fondre dans le décor de la ville – elles étaient des moyens de locomotion et non des expressions de soi, elles vous le rappelaient par leur sobriété. C'était le type de voiture de Gérard : qui ne paye pas de mine, voiture grise un peu tapée, Peugeot 205 sans distinction qui couve une déprime atone et sait se faire discrète. Véhicule qui serait pourtant prêt à tout casser. Voiture sans appartenance, sans muscles et sans bijoux, qui vous regarde comme un chien incertain, à la fois timide et méprisant, sachant combien son mépris est une faiblesse, oui, voiture au bout du rouleau, prête à avoir un accident pour en finir. Pour une fois, se faire remarquer. Comme les chiens, les voitures ressemblent à leur propriétaire, et la voiture de mon père était pareille à sa personnalité sociale. Il parlait souvent d'investir dans une Mercedes, qui roulerait très vite et partout, à cent trente kilomètres à l'heure, vitres grandes ouvertes, il parlait de cette Mercedes fantasmée, de sa carrosserie d'exception, comme on parle du physique qu'on pense avoir. Somme toute, il avait une voiture qui lui ressemblait : la voiture d'un policier d'envergure moyenne, sans grande importance, si ce n'est dans les yeux de sa fille – ce dont il avait honte.

Et tandis que je songeais à tout ça, les réverbères de l'avenue se mirent à clignoter, points de suspension dans la nuit. Ça dura quelques secondes. Un spasme de lumière, clin d'œil des ténèbres, et les voitures semblèrent m'adresser un sourire, de ceux qui précèdent un couteau dans le dos. Que se passait-il ? Sans doute était-il tout simplement temps de rentrer : je devais avoir froid, ou peur, tout aurait dû en rester là, une promenade d'insomnie, quelques visions fiévreuses et puis s'en va.

Sauf que je venais de le repérer.

Un chien, coincé dans l'une des voitures assoupies. C'était un petit corps nerveux, un jack russell blanc esseulé derrière une vitre, dont le propriétaire n'allait sans doute pas tarder à revenir. À moins que – l'idée fut un frisson – le chien n'ait été enfermé là pour la nuit, sans eau, sans rien, abandonné ? Incapable de l'évaluer, je me contentai de regarder l'animal, enfermé et misérable, son museau humide grouillant de spasmes minuscules, ce chien qui donnait maintenant des petits coups de patte sur le plexiglas et dont les gémissements paniqués ne me venaient aux oreilles qu'assourdis, dévitalisés par la vitre qui nous séparait. Impuissante, je regardai ce chien dans son bocal, qui haletait, jappait et s'affolait. Il crevait, c'était manifeste, du besoin de sortir de là. La peur allait finir par l'asphyxier. Et à regarder la bête blanche suffoquer devant moi, je revisitai soudain un drame que je connaissais par cœur sans jamais l'avoir vécu.

Oui, devant la vitre, mon souffle et mon cœur s'arrêtent un instant : la hantise l'emporte.

9

La scène de la noyade, je me la représente comme une peinture abstraite.

Un tableau à dominante bleue, fait de minuscules morceaux de métal gris et d'une coque pâle pulvérisée en fractions de bois dans l'océan ; des jouets d'enfants qui flottent, un doudou mauve que personne n'embrassera plus et qui coule à jamais ; des algues brunes enroulées autour d'une paire de lunettes et puis d'autres algues, verdâtres, infiltrées dans un petit cardigan ; le corps d'un homme à l'horizontale, inerte, une plaie au visage dégoulinant de sang, liquide pourpre qui se dissipe dans l'eau trouble. Et puis, sous tout cela, sous ce dépôt aqueux – mélange d'organes, de métaux et de tissus –, une cabine coule.

C'est une maison de verre minuscule, détachée de sa coque.

En son sein, deux corps d'enfant ondulent, bercés par la mer.

La peau de leurs visages est devenue cyan, translucide, d'une teinte surnaturelle, comme l'est celle de certains poissons des abysses. Une peau de loup de mer. Leurs cheveux planent au-dessus d'eux, affranchis du reste. Leurs bustes se sont tordus dans l'eau : ils gisent dans des positions relâchées, là une main derrière le cou, ici la tête cognant l'épaule, leurs jambes se balançant contre les plaques de plexiglas dans une détente indécente. Cette détente particulière qu'apporte la mort au corps. Avant qu'ils ne se raidissent, ne deviennent acides et que leurs articulations ne se crispent pour l'éternité, un abandon total, les bras, les jambes de mes frère et sœur fluides, absolument décontractés. Comme quand ils riaient.

J'ai l'impression d'avoir déjà vu ce tableau quelque part, mais où ? Ingrid, l'ex-femme de mon père, parlait de son réveil dans l'ambulance, aux côtés de ses enfants et de son mari, tous inertes, leurs cheveux encore trempés. Elle racontait l'impression d'irréalité qu'elle avait éprouvée. Ses enfants n'étaient plus, pourtant ils n'avaient pas changé. Juste de couleur.

Une vision unique, exacte, qu'elle redirait toute sa vie :

— Mes enfants étaient bleus, puis blancs, violets : on aurait dit des fleurs fanées.

Gérard a plusieurs fois raconté cela, rappelant l'image – les fleurs fanées – qu'il semblait trouver épatante et nette.

La peau bleue, puis blanche, violacée. Je me suis quelquefois demandé de quelle tonalité exacte il s'agissait, quel était le Pantone de la mort. Et devant les rayons de fleurs, quand je vais faire les courses, j'y pense parfois. Je ne pense pas à en acheter – je n'achète jamais de fleurs, leur préférant les plantes

196

grasses –, mais je pense aux cadavres de mon frère et de ma sœur. À leurs yeux éteints. À la teinte de leur peau. Aux sécrétions, aux bruits, aux gonflements et à l'odeur déjà, qui devait être la leur. Je pense à leurs poumons bondés, à leurs cœurs isolés, je pense à leurs cadavres, que je ne parviendrai jamais à me représenter.

Puis, juste après, je pense à ce que je mangerai le soir.

10

Les jours qui suivent, nos repas sont plus silencieux. Les phrases pèsent, que ni Raphaël ni moi ne prononçons pourtant. C'est la première fois entre nous : une épaisseur inhabituelle. Un nuage noir qui nous maintient à distance l'un de l'autre, sans qu'on puisse se l'expliquer. Je n'ose rien désamorcer, parce qu'il faudrait pour cela que je m'épanche, mais je ne souhaite pas voir dans le regard de Raphaël qu'il souhaiterait me guérir. Je ne veux pas être consolée, je refuse que ce chagrin soit vu, plutôt le taire et observer le nuage noir entre nous passer.

De quoi sont faits les nuages noirs ?

La lumière du soleil se dirige du ciel vers le sol, heurtant en chemin les gouttelettes d'eau qui la font rebondir, qui diffusent les longueurs d'onde dans toutes les directions. Mais si le nuage est très épais – si le non-dit vient de loin –, toute la lumière se disperse avant même d'atteindre la surface du cumulonimbus. Le nuage paraît sombre alors, parce qu'il n'est plus touché par la lumière du soleil. Il est dans l'ombre de sa propre couche antérieure. Les nuages noirs ne sont pas forcément des nuages de pluie. Seulement des phénomènes d'opacité.

À Raphaël, je n'ose pas parler du message de Gérard ni de ma réponse, du rendez-vous que j'accepte de prendre avec lui. À Raphaël ni à quiconque. Je reste seule dans mon histoire. Les vases communicants se renversent à nouveau. Après les spectacles que nous donnons au Brick Lane Music Hall, je m'attarde de plus en plus, je ne sais plus rentrer, j'habite un nuage noir et je me tais. Comment pourrais-je dire à Raphaël ce que je fais après avoir dansé ? « Après le spectacle, je cherche à me faire étrangler. »

Ce n'est pas difficile d'obtenir cela à Londres, a fortiori quand on est une femme. Les pubs, les boîtes, les cabarets ne manquent pas. Après quelques verres, il suffit d'oser aller voir un homme, de lui faire comprendre que l'on danse, que notre corps est à portée de main, il suffit de lui montrer sa souplesse et puis de lui dire : si tu veux me toucher, étrangle-moi. Cela suffit, et cela se fait. Dans les toilettes publiques, celles des cafés, des pubs, des cabarets, dans les toilettes partout, des mains d'inconnus sur mon cou. Jamais je n'autorise toutefois qu'on aille plus loin, qu'on me pénètre. Seul Raphaël en a le droit. Qu'on me sente, qu'on me flaire et qu'on me touche, qu'on joue à quelque chose, qu'on menace de m'annuler et puis qu'on disparaisse – c'est ma manière de procéder.

C'est la menace que j'ai besoin de sentir. La menace suffit à me faire jouir.

11

Avec Raphaël, on s'engueule à propos d'un sujet mineur : il ne comprend pas que je refuse d'apprendre à conduire. C'est idiot, ça ne nous ressemble pas, mais c'est ainsi : nous allons rentrer en France bientôt, vivre dans le Sud, à Marseille, où toute sa famille est implantée et le milieu de la danse suffisamment prospère pour que je puisse espérer y travailler, et il ne comprend pas que je rechigne à passer un permis qui me sera, dans la vie d'après, indispensable. C'est mon histoire, je dis. C'est ainsi. Fermée comme une huître. Je ne veux pas lui dire le fond de ma pensée, que je refuse d'être enfermée dans une cabine avec un volant et de ne pouvoir compter que sur moi-même pour le manœuvrer. Je n'ai aucune confiance en moi pour guider qui que ce soit. Je sais trop de qui je tiens.

En voiture, à chacun de ses enthousiasmes, j'imagine le crash. Nous écoutons Queen, la rhapsodie des bohémiens : les voix s'emballent, impression d'un grand charivari, tout le monde au diapason. Et au climax de la musique, alors que la batterie est sur le point d'imploser, feu d'artifice vers la terre, oui au climax du rythme : le pire.

Nous frôlons une voiture et, à travers la vitre, Raphaël sourit au passager à sa gauche quand moi je l'imagine, ce type assis à la place du mort, déjà percuté. Je me demande si son front butera contre la vitre ou si c'est son cœur qui s'arrêtera en premier, anticipant le choc à venir, préférant en finir. Dans ma tête, la rencontre tient en trois lettres : ça fait bim. Je n'arrive pas à me réjouir, toutes les cabines fermées m'angoissent, et Raphaël me le reproche. Il a toujours aimé conduire, la vitesse et la liberté qu'on éprouve sur la route. Je le regarde rouler, et je pense à Gérard qui avait le culot de citer Françoise Sagan pour justifier ses embardées : « La vitesse n'est ni un signe, ni une preuve, ni une provocation, ni un défi, mais un élan de bonheur. »

— Tu pourrais quand même essayer, me dit-il, tu pourrais te mettre sur le siège du conducteur, là, je serais à ta droite, je guiderais ton bras : je serais là, rien ne pourrait t'arriver.

Je refuse, cela ne me fait pas rire, nous n'arrivons pas à jouer ensemble. Ou plutôt : c'est un jeu pour lui, c'est un drame pour moi. Il trouve que j'exagère, son œil pétille, il a évidemment raison et je regarde ailleurs. À la place, ces mois-là, je préfère me frotter à d'autres *conduites à risque* : je prends du plaisir à boire, de plus en plus, cette ville m'affole et la tension est permanente. Raphaël me voit ivre, en retard, hésitante, il me voit essayer de le cacher et déteste ça, il me dénude quand il me regarde et j'évolue dans la honte. J'ai honte du mystère minable que j'essaye de conserver à ses yeux. Nous nous éloignons. Nous ne pouvons plus vivre à Londres. Nous retournerons en France. Mais, avant ça, je prendrai un verre avec Gérard.

12

Nous avons rendez-vous dans un pub chic, proche de Kensington High Street. Il est en Grande-Bretagne dans le cadre d'une mission européenne d'échanges entre policiers. Je ne comprends rien à son activité professionnelle, mais me suis préparée à cette soirée – physiquement, s'entend. Sur mes paupières, j'ai apposé un trait d'eye-liner, un fard et un mascara félin. Sur ma bouche, un rouge à lèvres que je ne sors jamais que pour les grandes occasions. Un machin pourpre, que je n'exhibe que pour séduire. Dans la vie de tous les jours, je ne me maquille pas, mais pour revoir Gérard, après deux ans de silence, je me suis mise sur mon trente et un. À croire qu'il s'agit là d'un *date* et non d'un rendez-vous familial. À croire que, à mon père, je crains toujours de ne pas assez plaire. Il m'a proposé qu'on se retrouve dans un bar à l'ambiance tamisée, aux fauteuils de velours vert et à la réservation obligatoire. Un endroit à vous donner envie de commander une *piña colada* et de manger des blinis au saumon. En me donnant rendez-vous dans le quartier huppé des expat' français de Londres, Gérard veut, c'est évident, me prouver une ascension économique et sociale dont je me fiche éperdument.

— Excuse-moi, ça te dérange si je me mets face à l'entrée ?

Après vingt-cinq mois de silence, c'est la première chose que je lui demande : qu'on échange nos places. Raphaël m'a déjà fait remarquer que je m'asseyais toujours sur la banquette, ou la chaise du fond, dans les cafés. Disons-le autrement : je ne tourne jamais le dos à la porte. Pourquoi ça ? Il m'avait, un jour, interrogée. Avec cette légèreté concernée qui est sa marque de fabrique, il m'avait posé la question sans la faire peser. Comme je n'avais pas répondu, me contentant de le regarder avec des yeux d'enfant prise sur le vif, il avait suggéré : tu dois avoir peur des couteaux dans le dos. Oui, c'est comme si tu avais peur des poignards, avait-il dit. Comme si tu en avais l'expérience et tenais désormais ton dos indisponible, à jamais. Ah oui ? j'avais dit. Je n'avais pas remarqué ça. J'avais souri et m'étais tue. Et puis j'avais pensé : il me regarde comme personne ne m'a jamais regardée.

Un échange de places, donc.

Gérard se lève du sofa vert, de sorte que sa silhouette se décline, entière, devant moi. Son ventre, sa moustache, ses cuisses étroites (comme Annie, il a toujours eu des jambes fines), la cicatrice à sa main et cet orgueil qu'il dégage, sans même avoir besoin de parler. Je vois cette silhouette que je connais par cœur, et à la regarder, comme ça, avec une insistance de prédateur, j'y décèle une étrangeté. Quelque chose m'échappe. Un manque d'assurance peut-être, notoire en dépit de l'orgueil. Oui, c'est ça : un manque d'assurance qui ne sied pas à mon père. Bientôt, le voilà assis sur la chaise d'en face. Elle épouse moins son corps que ne le faisait le fauteuil dans lequel, à mon tour, je m'enfonce. Il semble s'en foutre.

Plongeant ses yeux dans les miens, il attaque :

— Je t'offre un whisky, Lou ?

Et ce n'est qu'en sentant dans ma gorge l'alcool – feu liquide – que je me détends. Gérard et moi sommes amis, après tout. Il n'y a pas à s'en faire. On parle de tout, de rien, on parle de lui, de sa nouvelle vie, je dis « on », mais il parle surtout et je le reconnais bien là, il ment toujours, c'est palpable, sans que je puisse attester ce qui relève du mensonge ou de la vérité. Il me fait sourire, pour un rien, sans cesse, je me dis en l'écoutant : tout de même, je l'aime beaucoup cet homme, oui, il n'y a rien à faire, c'est mon père et je l'aime. Mais une heure après, alors que nous sommes en confiance, un glissement inattendu s'opère dans la conversation.

Nous passons d'une tendre et distante relation père-fille à une soudaine amitié *virile*. Nous redevenons deux petits matelots. Nous rions fort, parlons avec un accent gouailleur, truffons nos phrases de mots vulgaires et échangeons des commentaires sur les seins de la serveuse – qui ne peut les comprendre puisqu'elle est anglaise et qu'à ce stade nous parlons presque vendéen. Gérard, désormais à son aise, se met bientôt à me parler de sa copine actuelle : une jeune fille rencontrée en Grande-Bretagne. Une belle femme de quelques années ma cadette, moi qui pourtant ai déjà trente-huit ans de moins que mon père. Elle est rousse, elle s'appelle Anna et le rend heureux. Je vois son regard interroger le mien : peut-il m'en parler sans gêne, à moi qui suis sa fille ? Je connais mon père et le sais sincère. Il ne voudrait pas m'encombrer avec ses histoires – bien que la tentation de s'exhiber comme un homme à femmes soit forte sous l'effet conjugué du whisky et de l'expatriation. Je vois Gérard qui lutte entre l'envie de m'en mettre plein la vue et celle de se comporter en père responsable. L'adolescent et l'homme mûr se chamaillent sous mes yeux : le temps n'y fait rien, ils n'ont toujours pas appris à cohabiter. Alors, pour soulager cet homme qui un jour m'a donné la vie, je prends sur moi. Par un regard doux et appuyé, je lui assure qu'il a les pleins pouvoirs et peut, sans complexe, se vautrer dans l'étalage de son idylle avec une presque mineure. Il peut tout me dire.

J'ai les épaules d'un joueur de football américain. Rien ne m'atteint.

Dont acte. Gérard, soulagé, se saisit de son téléphone et, dans sa galerie des « Favorites », glane des clichés de la jeune fille avec qui il fait l'amour. Des photos d'elle en minijupe, chafouine et rieuse. Il me montre des photos de cette Anna, armée d'une malice que je reconnais aussitôt comme la mienne. C'est mon air, c'est mon allure en cet instant même. Ma fragilité, mes jambes, mon sourire, c'est bien cela que je regarde défiler, ce soir-là, sur le smartphone de mon père.

— La nuit, commence-t-il alors, bon vivant, la nuit c'est fou comme elle dort sur moi, Anna, comme une petite chatte elle se love nue sur mon corps, tu te rends compte ?

Et juste après avoir posé la question, il a un rire où je suis soulagée de déceler une trace de gêne. C'est le rire de celui qui sait qu'il vient de franchir une limite, qu'il est allé trop loin. Il a ce rire enfantin du petit garçon qui a déconné, et qui demande, sans le dire, qu'on lui pardonne. Ce que je fais aussitôt, sourire retour. Ce soir-là, j'assure à Gérard qu'il n'a aucune honte à éprouver. Que je prends tout en charge. Que je porterai tout sur mes épaules : sa maladresse, notre ridicule, l'inadéquat climat de camaraderie grivoise dans lequel nous sommes plongés. Je lui souris de sorte à lui certifier que j'ai le cuir d'un pote de la marine, d'un copain sportif avec qui on parle de porno en sortant de l'entraînement. Rien ne me choque. Je peux tout encaisser. Je lui souris pour qu'il soit certain de n'avoir à se soucier de rien.

C'est alors que, sur son smartphone, il reçoit un message – l'alerte d'un site d'information sans doute. J'ignore lequel. Je ne pose pas de question. J'observe seulement l'effet de la notification sur son visage.

— Putain, toujours aussi cons, ces cons, commente-t-il bientôt en changeant d'air, on leur couperait les couilles à ces enculés, on se contenterait pas d'une claque, c'est moi qui te le dis, on les rhabillerait pour l'hiver, ces cons.

Je devine qu'il parle de politiciens, ou de journalistes – peut-être de ses supérieurs, va savoir. Je devine, mais n'ai aucun indice en main, aucune clé pour décrypter ce qui se joue là entre Gérard et son smartphone. Il me regarde soudain comme si nous étions complices devant l'Éternel, et il en remet une couche :

— Je te jure, ces enculés-là m'auront fait chier toute leur vie. Toute leur vie, ils m'auront fait chier.

Et puis, soufflant par le nez, il reprend une gorgée d'alcool et regarde ailleurs.

Combien de fois les mots «con», «enculé», «couilles» et leurs dérivés étaient-ils sortis de la bouche de mon père dans l'enfance? Plus, sans doute, que les formules magiques qu'il me demandait pourtant de répéter après lui dans la mer. «Couper les couilles à ces enculés» – combien de fois ces phrases véhémentes pour un rien? Et cela jusqu'à quand? Non, si tout avait changé, si j'avais quitté la maison, la ville et le pays, c'était bien pour que rien ne change, songeais-je tandis que Gérard continuait :

— Putain, les cons, les cons.

Comment avais-je pu oublier ce ton? Ce ton plein d'une rage ancestrale, contenue depuis des générations, ce ton que mon père avait dû hériter de ses propres parents, qui leur venait aussi de leurs parents : comment avais-je pu négliger ce legs du ressentiment, cette malédiction familiale à laquelle personne ne sait comment mettre fin? Comment avais-je pu omettre la violence en héritage, cette boule de cendre que les morts lèguent aux vivants depuis le début de la lignée des Meynier – cette haine envers les patrons, les jeunes et les impuissants, cette haine de soi changée en acrimonie générale –, comment avais-je pu oublier cette grisaille et ne garder en tête que son revers, la provocation, l'humour, la vitalité?

Comment avais-je pu, à ce point, refouler?

La crispation, heureusement, ne dure pas. Gérard finit par ranger son Motorola, et avec lui son amertume. Il cesse de jurer et la stupeur, en moi, s'évapore.

Tout en entamant notre plat de résistance (du bœuf pour Gérard, les fameux blinis pour moi), nous continuons à nous donner des nouvelles de nos vies, et puis, la traditionnelle prune passée, Gérard sort de sa petite valise de voyage un cadeau. Un vrai, pour moi ? Oui, c'est quelque chose qu'il vient de faire graver et qu'il voudrait m'offrir. L'ivresse l'aide à me présenter cela. C'est un quelque chose que je peux garder si je le veux – si cela me fait plaisir, bien sûr. Il a l'air gêné en me tendant le présent, mais le tend néanmoins, heureux quoique incertain de son geste. C'est un petit paquet rectangulaire, une boîte noir et blanc entourée d'un ruban de velours blanc. L'emballage est gracieux et, par avance, je le remercie. Oh, c'est trois fois rien, fait-il, et puis je sais que tu danses, mais si jamais plus tard tu voulais te mettre à écrire, eh bien ça me ferait plaisir que tu puisses le faire avec ça. Enfin, si tu le veux, bien entendu. Il tempère à nouveau son enthousiasme et je ne comprends pas pourquoi.

Bien sûr, oui, que ça me fait plaisir. Je me revois lui assurer ma joie, lui dire enfin, papa !

Avant même de savoir de quoi il s'agit, je dis merci.

Pourtant, c'est en découvrant l'objet contenu dans cet emballage que j'ai la certitude que mon père et moi ne pourrons plus nous parler pour les années à venir.

J'ouvre une boîte ; le deuil de notre relation commence.

Car au cœur de ce carton semblable à un cercueil miniature se trouve un stylo. Un stylo à encre de qualité moyenne, ni luxe ni bon marché, un objet utile, pour lequel on ose mettre le prix parce qu'il reste en promotion. Un stylo personnalisable, sur lequel on peut faire graver un nom.

— Quel nom voulez-vous inscrire, monsieur ? C'est toujours sympa pour offrir, à un enfant, à une épouse, à une petite amie peut-être, c'est vous qui décidez.

Un vendeur lui avait lancé ça sur un marché la veille alors qu'il s'apprêtait à prendre l'Eurostar, et Gérard avait trouvé ce type plutôt convaincant. C'était vrai, ça, un bon père avait ce genre d'attentions : l'amour, c'étaient des preuves, des actes. Un bon père faisait plaisir à sa fille en ayant ce genre de gestes. Gérard avait sans doute regardé le vendeur et acquiescé : il allait le prendre, ce stylo. Ce serait l'occasion de l'offrir à sa fille, à jamais son unique fille.

— « Rebecca », vous pouvez inscrire « Rebecca ».

En lettres d'or, sur le grand stylo noir : le nom de ma sœur.

Gérard offrait à sa fille vivante, si jamais elle voulait se mettre à écrire, un stylo au nom de son autre fille, défunte celle-là.

J'ai longtemps affirmé que je ne croyais pas aux fantômes.

C'était bien mon genre, d'être sceptique quant à toute espèce de magie dans le monde. Je me voulais rationnelle, je me voulais forte et sans états d'âme. Je me voulais masculine, et la masculinité impliquait de mettre de côté les sensibleries, les mondes invisibles et la poésie. Mais les fantômes ont fini par me rattraper. Les fantômes finissent toujours par vous avoir.

Ce n'est pas nous qui les pourchassons. Ce sont eux qui nous trouvent.

Pour ma défense (2/3)
(Gérard par Gérard, notes pour autobiographie)

Les femmes sont des couteaux.

Je le sais depuis ma mère. Se méfier des femmes.

Les doutes sur mon ex-femme ont commencé à cause de cette conversation qu'on avait, sur mon éviction de l'armée. Viré par un type qui pensait que son grade l'autorisait à me traiter comme un sous-homme. ~~Viré~~ *(rayé et corrigé à la main :* mis à pied*)* pour une histoire de bachi oublié. Quand on parlait de ça, Ingrid prenait chaque fois la défense de cette merde. « C'est normal qu'il t'ait viré. Tu t'es comporté comme un petit con », elle disait.

J'essayais de défendre qu'on pouvait être humain dans la vie. Droit à l'erreur. La moindre des choses. À 20 ans, être bourré un soir de fête, c'était NOR-MAL – même dans l'armée, ça méritait une seconde chance. Cet enculé avait du pouvoir, et il voulait en profiter. Elle le voyait bien.

« Tu aurais été à sa place, tu aurais fait la même chose », disait-elle alors, tolérante envers l'enfoiré.

Là, elle m'avait vraiment énervé. J'avais posé mes couverts. Elle me connaissait ou non ? Pourquoi était-on mariés, pourquoi avait-on eu ensemble Rebecca, si c'était pour dire ce genre de saloperies ? Évidemment que j'aurais puni le matelot qui m'aurait mal parlé, je l'aurais même insulté de tous les noms *(corrigé à la main : illisible)*. Mais je ne l'aurais jamais signalé aux autorités. Jamais je ne l'aurais viré. Ça, c'était certain.

Les petits cons devaient être remis à leur place de petit con, oui, mais devaient aussi être pardonnés comme on pardonne à des petits cons. C'est tout. On pouvait tous faire des erreurs.

« On peut aussi décider que notre pays n'a pas à être défendu par des petits cons », m'avait-elle dit, en découpant la viande.

Je n'avais pas supporté. M'étais mis à l'insulter. Elle n'avait aucune idée de la manière dont le pays devait être défendu. Il valait mieux qu'elle se taise maintenant, si elle ne voulait pas que je la fasse taire moi-même. Je ne pense pas avoir été menaçant. Je criais pour la forme et elle le savait. Je suis sûr qu'elle le savait. Pourtant, à ce moment-là, elle m'a planté.

Le couteau – celui qui lui servait à découper sa viande. Elle me l'a planté dans la main.

Je ne m'y attendais pas du tout. Personne ne s'attend à ce qu'on lui plante un couteau. Je n'ai rien esquivé. Le couteau a traversé ma main, entière, est venu se loger dans la table en bois. Elle m'avait empalé, cette garce, et j'étais si surpris que je n'ai pas senti la douleur. J'ai dû crier, mais aucun souvenir. Souvenir de ses yeux seulement, qui auraient dû m'alerter.

Après, elle s'est affolée. Pardon, qu'est-ce qu'elle avait fait, elle était désolée, est-ce qu'il fallait qu'elle retire le couteau? Est-ce que j'avais mal? Pardon, elle était vraiment désolée, elle ne comprenait pas ce qui lui avait pris, elle avait déconné.

«Appelle le 15», j'ai dit. Et puis elle a dû le faire parce qu'ils ont fini par arriver. Au-dessus de moi, un jeune homme me regardait dans les yeux en *(rayé et illisible)* : «Ça va, monsieur, vous êtes avec nous? Essayez de me serrer la main s'il vous plaît» – et je ne sais plus si je l'ai fait. Le type ne m'inspirait rien. Je ne sais plus où était le couteau. Il est resté longtemps dans ma main gauche après ça, même quand il en a été retiré. Un couteau fantôme.
Bon, la plaie n'était pas létale et aucun nerf n'avait été touché. Aux urgences, ils ont réussi à recoudre vite. C'est drôle ça. On nous recoud quand on s'ouvre, comme un vêtement. La Gaule n'avait aucun souci avec le fait d'être à poil : tu restais habillé tant qu'on

ne t'ouvrait pas la gueule ni les tripes. Recousu. Plus de couteau. Pourtant, aujourd'hui encore, il m'arrive d'avoir l'impression qu'un couteau m'empêche de tenir les choses. Je dois les lâcher. La nuit quand je rêve, j'essaye parfois de le retirer. Ma paume est souvent rouge. Comme si je me la grattais trop. Comme si je cherchais le couteau.

Après l'affaire, Ingrid m'a acheté des fleurs et je lui ai pardonné. N'est-ce pas, qu'il fallait savoir pardonner aux petits cons ?

Mais je dois dire, tout de même, qu'à ce moment-là un doute sur Ingrid est né en moi.

J'aurais dû faire confiance à ce doute, bien entendu.

On n'écoute pas assez ce qu'on sait déjà.

Je n'ai rien écouté.

Quand on s'est rencontrés, Ingrid est vite tombée enceinte.

Et moi j'avais très envie que Rebecca naisse.

Son prénom était une idée de ma femme. Un disque de Leonard Cohen qu'elle aimait bien. Un rêve anglais. J'étais d'accord : ce serait une reine anglaise, ma fille. Rebecca, ça veut dire « corde à nœuds ». Ce qui attache et libère les bateaux du port. Ce serait elle, mon petit : des os puissants, une solidité à toute épreuve. Il ne pourrait rien arriver à une fille portant un nom de corde.

À sa naissance, je lui ai dit à l'oreille : « Tu seras la force même, ma fille. » Je voulais que ce soient les premiers mots qu'elle entende. Elle n'a jamais été en âge de me dire si elle s'en souvenait.

Elle est partie en laissant plein de questions.

Je ne les ai jamais posées à personne.

III. LE MEMBRE FANTÔME
(LA ROCHE-SUR-YON, 2019)

« Il faut du temps pour fabriquer des gens bizarres et pour que d'autres puissent les comprendre. (…) Frères singuliers nous sommes déplacés dans une génération qui ne nous reconnaît pas. Nous fuyons la réprobation de nos proches, la condescendance des amis qui consentent parfois par galanterie à marcher avec nous dans la rue, nous fuyons tous ceux qui ne peuvent pas comprendre pourquoi telles manières de faire et pas d'autres nous sont si chères et nous nous réfugions dans le giron bienveillant d'un monde plus ancien, habitué à accueillir toutes sortes de formes étranges. »

Gertrude STEIN, *The Making of Americans*

1

Ses doigts tremblaient. Il n'arrivait pas à soulever la bouteille d'eau, trop lourde pour lui. Je me souviens de ses mains qui tremblaient et du poids de la bouteille. Je ne l'avais jamais vu comme ça, faible au point de ne plus pouvoir soulever cinq cents grammes de Coca-Cola Zéro.

Nous ne nous étions plus vus depuis cinq ans, lui et moi. Mais je lui avais apporté ce soda, dont il était fou et que l'hôpital devait lui interdire. Avait-il seulement le droit de boire ?

Un problème au rein. Voilà ce que ma mère m'avait dit à son propos : ton père a un grave problème au rein, il a dû rentrer en France pour la qualité des soins. Transféré en Vendée. Passe le voir, je t'en prie, tu risquerais de le regretter toute ta vie sinon. Alors j'étais passée voir ce membre fantôme de notre famille ; j'avais pris un train dans lequel ma jambe droite n'avait cessé de claquer sur la moquette, au point que mon voisin de siège m'avait demandé si j'avais froid. Froid ? Vous claquez de la jambe comme on claque des dents, avait-il signalé, et je n'avais pas eu la force de répondre autre chose qu'une onomatopée. Je n'avais pas envie d'aller voir mon père et pourtant je m'y rendais. Bientôt j'y serais. Je passerais l'accueil, le premier contrôle, un second, j'enfilerais un masque, une blouse peut-être, des chaussons, qui sait, j'avais déjà eu affaire à ça, les hôpitaux je connaissais, Raphaël m'avait appris les bases, je chausserais tout ce qu'il faudrait chausser.

Et puis je le retrouverais.

Les cheveux blancs, dans un lit blanc ; je lui offrirais le Coca sans rien dire, ce serait le premier geste, lui tendre la bouteille, manière de dire : je te connais. Un léger sourire au coin des lèvres me répondrait – sa moustache en place, décolorée elle aussi, j'avais vu des photos, sa moustache aurait vieilli, mais elle serait là, évidemment là, et après m'avoir regardée le regarder, il me dirait : bonjour Loupiote, quelques mots dérisoires et essentiels comme ça, puis il me sourirait, il aurait sans doute un peu maigri, peut-être que les os de son visage m'apparaîtraient autres, mais ça ne me surprendrait pas, parce que, de la paupière lourde aux orteils violacés par l'immobilité, j'aurais tout anticipé.

J'avais tout anticipé, oui. Sauf ses doigts qui tremblaient.

Ses doigts incapables, désormais, de faire un tour de magie ou d'appuyer sur la détente.

Des doigts faibles, ai-je pensé, ou plus exactement des doigts mourants.

2

Ce n'était pas mon père que j'avais sous les yeux. Gérard était ailleurs. Je le connaissais par cœur, cet homme, je le connaissais avec la certitude de l'enfance : c'était un marin, un policier, un aventurier, jamais il ne se serait laissé enfermer entre ces quatre murs blancs, tristes à crever. Non, j'avais là en face un homme qui se faisait passer pour Gérard, un homme singeant les mimiques de Gérard, mais l'authentique Gérard était resté autre part, c'était sûr, demeurait à l'endroit où il avait vécu pendant ces cinq années, ailleurs, oui, Gérard était resté sur un autre continent, près de l'océan, des animaux et des spectres.

J'avais, dans cette chambre d'hôpital, affaire à un figurant. Un figurant qui n'essayait plus de jouer aux durs.

C'était une insuffisance rénale aiguë. La morbidité guettait, et Gérard ne parvenait plus à soulever une bouteille qu'il n'avait de toute façon pas le droit de boire. Il était assis sur un fauteuil, près du lit et de la fenêtre, deux fils sortant de ses bras, et il ne regardait rien en particulier. Simplement là, Gérard.

— Tu as mal quelque part ?

Seules des phrases minables me venaient en bouche, comme si les moments les plus graves nous déréalisaient. À l'entendre, il n'avait mal nulle part. Il souriait légèrement, sa moustache en place. Toujours intacte. L'avait-il jamais perdue dans sa vie ? Elle était peut-être ce qui lui était le plus loyal au monde – quelques poils.

— Belle moustache, elle n'a pas changé, dis.

Et lui de sourire, l'air de dire allez, je vois bien tes efforts, lâche l'affaire. Nous ne savons plus quoi nous dire, parce que nous ne savons plus à qui nous avons affaire, rien ne sert de feindre le contraire. La distance a pris toute la place dans notre relation, et c'est très bien ainsi, c'est comme ça que je t'ai souhaitée, ma fille, amoureuse de la distance, du plein air, farouchement indépendante, des autres, des patrons, des amants – de ton père.

Lui de sourire : il n'y a plus rien à forcer, mon enfant, entre nous désormais l'océan.

3

Après être rentrée de Londres avec Raphaël, j'avais cofondé ma propre compagnie, la Meute, qui, empruntant au hip-hop et au jazz, avait rencontré un certain succès. Notre spécificité était de mêler des styles jazz à celui du krump, que pratiquaient depuis des années la moitié des membres de notre équipe. Littéralement : *Kingdom Radically Uplifted Mighty Praise*, le mouvement était né au début des années 2000 dans les ghettos de Los Angeles et popularisé par un film de David LaChapelle, que tous les danseurs citaient comme leur référence et le fondement de leur enthousiasme. Cette danse, à la fois agressive en apparence et résolument non violente, consistait à traquer, dans la rage qui animait les corps des danseurs, une pulsion de vie tenace. La grâce d'un cri. Et après quelques années de création et de mélange des genres, dans le milieu de la danse contemporaine et dans un univers plus urbain, après des festivals expérimentaux, des scènes nationales, des théâtres de la Ville et même une date à guichets fermés au Châtelet, nous avions eu l'opportunité de prendre la tête du Ballet national de Marseille, pour, citant l'administratrice qui nous accompagnait dans cette transition, «y créer une histoire d'aujourd'hui». Concrètement, c'était à mes yeux un récit de voyages : mon associé restait sur place, quand ma vie propre était devenue une tournée permanente.

La tournée était une drôle d'affaire, épuisante de promiscuité avec les autres. En tournée, je me sentais inconditionnellement sale – comme si aller de ville en ville déposait une poussière particulière que les douches ne suffisaient pas à laver. La tournée était aussi éreintante, aliénante, monstrueuse, mais en tournée je retrouvais, sans tout à fait me l'avouer, le mode de vie prôné par Gérard. Une vie faite de risques, de déplacements et de rencontres. Certes, le danger de glisser sur une scène humide de Besançon n'équivalait pas à celui de mourir sur un champ de bataille de Khe Sanh, celui de se prendre un coup de jus en réglant le son à la Cigale n'avait rien de comparable avec l'exaltation de donner un coup de Taser à La Garenne-Colombes, mais, tout de même, il y avait quelque chose. Et en tournée, parfois, alors que nous allions d'une ville à l'autre sans avoir dormi plus de trois heures, les courbatures battant jusque dans mes tempes, des bleus aux genoux, assise au fond d'un van odorant, cahotant des heures dans la chaleur et l'humidité, alors que mon partenaire de danse faisait des pompes sur le bas-côté de l'aire d'autoroute de Vémars-Est «pour passer le temps», oui, assise au fond de ce van testostéroné, je pensais secrètement, éternelle petite fille, *mon père serait fier de moi.*

De fait, fier, s'il le fut, je n'en sus jamais rien, puisqu'il n'eut sans doute jamais idée de la vie nomade et improvisée que je menais. Puisqu'il ne vint jamais me voir sur scène, ni n'eut l'occasion de visiter ma nouvelle maison, celle que nous avions achetée avec Raphaël, tous deux bouffis d'orgueil de l'avoir obtenue ainsi, *à la force du poignet*. Non, fier, s'il le fut, je n'en sus rien puisqu'il n'eut pas de mot d'encouragement à mon égard, pas de curiosité, puisqu'il ne se déplaça pas une fois pour me rendre visite. Puisque, à l'âge adulte, seul le silence désormais nous reliait.

4

Pendant ces années, il s'était retiré près des Sey-
chelles, sur une île de l'océan Indien. C'est Annie qui
me l'avait appris. Qu'était-il allé faire dans cette galère ?
Une opportunité professionnelle, m'avait expliqué ma
mère. Évasive, parce que ignorante. Lui qui avait fréquenté tant d'îles quand il était en fonction aurait fini
par s'implanter sur l'une d'elles. Gérard, policier à la
retraite, vivait donc désormais loin de nous, sur l'île
Coëtivy. Île, m'avait renseignée Google, habitée par
moins de trois cents habitants, tous cultivateurs de crevettes et, depuis 2010, transformée en un centre péni-
tentiaire comprenant cent cinquante prisonniers. Des
toxicomanes, pour la plupart. Plus mon père, donc,
qui, volontairement, était allé finir ses jours là-bas. Et
je l'imaginais sans peine dans cet archipel, vieux loup
de mer qui cultivait ses crevettes, ses légumes, et qui
à ses heures aidait à structurer l'instance carcérale,
le centre de désintoxication du coin. Je l'imaginais,
Gérard, tout à son goût de vivre. Ce goût de vivre qui
était sa manière de deuil, depuis toujours.

Redoutant la faiblesse qu'il devait parfois éprouver,
et qui aurait pu le rendre plus humain, je le devinais

sur l'île, dans le secret de sa solitude, réitérer le pari d'une vie ferme et toujours plus exotique. Je le devinais se lever le matin, marcher sur le littoral, rêver au récif corallien, se perdre dans la contemplation des arbres, dans le découpage des branches sur le ciel, je le devinais rêveur, projetant ses contes et ses histoires à qui voulait encore bien l'écouter.

Je le devinais cruel et heureux, comme il l'avait toujours été, et puis je le devinais aussi souffrant, un rein hors d'usage, des douleurs associées – avait-il appelé les secours lui-même ? Après combien de jours, quelle endurance dans la peine ? Je l'imaginais prendre l'avion et se rêver invincible au-dessus des nuages.

Et puis je l'imaginais ici, parmi nous. Ou, plutôt, je l'avais longtemps imaginé, jusqu'à ce qu'il se trouve, ce matin-là, devant moi. Ses deux yeux, océan fixé à mes propres yeux – les mêmes. Après cinq ans d'absence, son regard.

Comme il avait disparu, sans appel, il était réapparu, sans prévenir.

À cette différence près qu'il y avait désormais, à ses côtés, un manque. Comme un fantôme. Comme il avait dû y avoir à mes côtés, durant ma jeunesse, l'absence de ses enfants d'avant. Symétrique, large et exponentielle, une traînée d'absence demeurait maintenant entre nous.

5

«Je n'arrive pas à te joindre. Ton père est à l'hôpital. Urgence vitale.»

Le texto d'Annie m'avait saisie dans une gare : je m'apprêtais à rejoindre la Meute pour une résidence – nous devions travailler dix jours avec un *crew* de krumpeurs parisiens qui, contrairement à ma compagnie, pratiquaient le clowning, ce mouvement empruntant à la fois au hip-hop et au clown, pour canaliser la rage par le jeu. Ce voyage et le workshop qui s'ensuivrait m'intimidaient, comme m'intimidait chaque fois l'idée d'avoir, en danse, tout à réapprendre de zéro auprès de corps inconnus. Voyager et travailler d'arrache-pied me plaisaient, c'est certain, mais, trop souvent, la pression grignotait mon plaisir et attendre dans une gare restait mon activité préférée au monde.

J'avais le goût des gares, ces lieux troubles pour gens de passage. Ces lieux où ceux qui, comme moi, ne se sentaient d'aucune appartenance pouvaient se retrouver ou se perdre. Gares pleines de silhouettes momentanément déracinées, en errance provisoire, une heure, deux semaines ou dix ans. La gare de Marseille était singulière à ce titre : on trouvait à

Saint-Charles un mélange sociologique étonnant, vendeurs de Marlboro ou de shit à la sauvette, parents bourgeois prêts à prendre la route des calanques, adolescents excités à l'idée de faire une excursion dans les quartiers nord, vagabonds professionnels, perdus en cette gare comme en toutes les autres, commerciaux en route pour une réunion dans cette ville à seulement trois heures de la capitale – oui, à la gare de Marseille, il y avait l'univers en déroute. «On ne parlait plus de gare, mais de pôle d'échanges multimodal entre le ferroviaire, la gare routière, les bus urbains, le métro et les voitures», comme le faisait remarquer un certain Gilles dans un journal gratuit, feuilleté en attendant mon train. À la gare de Marseille, l'univers, et en son centre des arbres.

Vingt-quatre pins plantés en deux rangées se faisant face. Faux arbres, quoique constitués d'éléments naturels – puissances vertes pour rééquilibrer les énergies en transit, rappeler notre imaginaire, au milieu du stress propre aux gares, à la possibilité d'un peu d'oxygène.

Mieux valait encore prendre l'air.

Quand j'ai appris la nouvelle, dehors donc, hébétée devant la plaque commémorative de l'attentat de la gare Saint-Charles – *en mémoire de Mauranne et Laura* –, il s'est passé cette chose étrange : je ne me suis pas précipitée pour changer mon billet de train ni pour rappeler Annie, je n'ai pas couru, pas éclaté en larmes, pas même tremblé. Je n'ai rien fait.

Je me suis calmement dirigée vers le distributeur de friandises central, cette grosse boîte de métal, pareille aux machines à sous des fêtes foraines, dont tombent comme par magie des gâteaux et des bouteilles de Schweppes. J'ai acheté une gaufre. Une de ces pâtisseries épaisses et de consistance dure en forme de double hashtag géant ou de morpion, gaufres de Liège ornées de perles de sucre et emballées dans un plastique souple ct polluant. Cette gaufre que je me refusais d'ordinaire parce que j'étais danseuse et que cette profession impliquait de garder un corps fin, d'apprendre à se passer des graisses superflues.

J'ai détaché un carré de la gaufre et l'ai croqué calmement – comme si je fêtais quelque chose de triste. Sur le quai, j'ai regardé mon train partir et, après avoir changé mon billet sur une borne jaune, j'ai attendu le suivant, celui qui m'emmènerait vers le nord, à l'hôpital de La Roche-sur-Yon, du côté de chez mon père. Quand il est arrivé, j'ai laissé tous les gens entrer dans le wagon avant moi et je me suis installée à ma place lentement.

J'ai regardé le paysage, cette bouillie verte qui nous enivre.

Mon siège était dos au sens de la marche, je l'ai tout de suite senti ; c'était un voyage à rebours. Peut-être le premier depuis quinze ans. Depuis que j'avais quitté la maison, je ne faisais qu'aller en avant, tous les trains n'étaient qu'un seul et même train gigantesque qui m'emportait vers mon avenir. Mais là je retournais vers les origines.

6

Sitôt qu'elle avait appris l'hospitalisation de mon père, Annie s'était rendue à son chevet. En dépit de toutes les promesses qu'elle s'était faites à elle-même, de ne plus le revoir, de l'ignorer et de se concentrer *sur le positif*, le magnétisme de Gérard continuait d'agir. Il était son soleil noir.

— Il a besoin de nous, m'avait-elle dit, sans argumenter davantage, consciente sans doute d'une incohérence dont elle ne tenait ni à se justifier ni à la rectifier, consciente des allégeances inconditionnelles mais incompatibles qu'elle vouait à sa fille et à son époux, elle qui savait aimer. Après tout ce qu'il a vécu tout de même, ma Lou, c'est mon mari et c'est ton père. Il faut savoir mettre son ego de côté : il a besoin de nous.

Et dans un couloir sordide sentant le gel hydroalcoolique, elle m'avait vite mis entre les pattes un dossier trouvé dans les affaires de mon père. *Notes pour autobiographie*, s'intitulait-il. Après ça, puisque Gérard dormait encore, on avait discuté. On s'était retrouvées.

À la machine à café, elle m'avait raconté une histoire. Elle m'avait parlé de cette femme, rencontrée

la veille, après être arrivée à l'hôpital de La Roche-
sur-Yon – ce bâtiment dont la façade semblait avoir
été construite avec la même pierre triste que celle du
commissariat dont j'avais jadis fait la visite, comme
si l'un était l'annexe désolée de l'autre –, oui, elle
m'avait parlé de cette mère qui venait de perdre son
enfant. Elle en avait eu deux, elle n'en aurait plus
qu'un. Son fils de quelques mois avait survécu, sa
fille, elle, était morte. Accident de la route. Tu réa-
lises le choc ? me demanda Annie. La mère revenait
du cours d'escrime de la petite, tranquillement, il
n'y avait aucune urgence, alors, tout en conduisant,
elle discutait avec ses filles de l'école et de l'avenir,
de tout de rien, tu sais comme on est. C'est alors
qu'un type pressé lui était rentré dedans. La voiture
avait tourné sur elle-même comme une danseuse, et
puis ça avait été à peu près tout. La suite, c'était ici,
au présent : la suite, c'était l'hôpital, le décès de sa
petite fille, et l'autre enfant en convalescence. Il s'en
tirerait.

— Le conducteur est aussi à l'hôpital, avait alors
précisé cette mère à la mienne. Ce connard dort à
quelques pas d'ici, vous vous rendez compte ?

Et elle avait raconté à Annie n'avoir pas réussi à
se retenir : elle avait poussé la porte de la chambre
de l'homme et l'avait trouvé, elle le lui donnait en
mille, en train de manger. De la purée. Calme, le type.
Vivant, tranquille. Mangeant sa purée, cuillère après
cuillère. Vous vous rendez compte ? Avec la photo de
ses propres enfants sur la petite table à côté du lit.

«Je suis la mère de l'enfant que vous venez de
tuer», lui avait-elle alors dit, droite et tranchante, et

lui, en guise de condoléances, avait poussé un cri. «Au secours.»

Il avait dit : «Au secours.»

— Ce connard aurait pu me dire qu'il était désolé que mon enfant soit mort, je ne lui demande même pas d'accepter sa responsabilité, mais juste un peu d'empathie – «Je suis désolé pour vous.» Mais non. Il a hurlé. «Au secours.»

Depuis, elle est très remontée, avait conclu Annie, remuant la tête de gauche à droite, soufflant par le nez, désolée pour cette femme qui aurait pu être elle, désolée pour ces vies volées, désolée pour la fille, désolée pour la mère. Et on comprenait qu'elle le soit, remontée, d'ailleurs même quelqu'un doté d'un capital d'empathie très restreint tel que ton père, avait fait Annie, étonnamment sévère envers un Gérard qu'elle s'était pourtant précipitée de couver, oui, même Gérard l'aurait comprise, cette mère, sa colère et le bénéfice secondaire qu'elle devait lui procurer. Tu comprends, cette mère, dans sa perte immense, la colère c'est tout ce qui lui restait. La rage, la certitude de n'avoir rien fait de mal, une pureté d'âme dans la tragédie du monde. Un statut de victime, objectif.

Et puis, se réveillant soudain de son mauvais rêve : mais toi, ma chérie, comment ça va ?

Gérard n'avait même pas eu ça, à l'époque du naufrage, avais-je alors songé. Dans sa chambre, au réveil du coma, il avait à la fois été la victime qui s'éveille et apprend le décès de ses enfants, la mère qui vient demander des comptes, et, dans le même moment, dans le même lit d'hôpital, il avait été l'assassin, le conducteur de bateau dangereux, celui qui avait enfermé ses enfants dans une cabine asphyxiante et qui devrait désormais vivre jusqu'à la fin avec cette idée. Oui, il avait été celui qui, de bonne foi, aurait eu envie de hurler un cruel « au secours » à l'intention de la mère des enfants qu'il avait tués. Au secours : d'être victime et responsable dans le même mouvement. Coupable et endeuillé. Au secours.

Mais il ne cria pas, ne criait jamais au secours ; c'était le principe de Gérard : ne pas demander d'aide. Jamais. À personne. Ne pas en demander, n'être pas dépendant. S'arranger, avec son propre cerveau, avec son propre corps, pour ne jamais avoir besoin des autres.

Ça va, maman, merci. Contente de te voir.

7

Plus tard dans l'après-midi, dans une petite salle au robinet endommagé – un morceau de Scotch marron était là pour nous en prévenir – et pourtant surchauffée, j'avais rendez-vous avec le médecin qui m'expliquerait la démarche à opérer pour soigner Gérard. C'était un homme plutôt jeune, au regard ambitieux et triste, au gabarit proche de celui de Raphaël, quoique absolument dépourvu de la sensualité de l'homme que j'aimais, plutôt une sorte de cousin asexué.

Regardant ce médecin, par cette sorte de déformation professionnelle qu'impliquent les métiers sportifs, c'est d'abord l'état de son corps que je notai. Lors de mes années de formation en danse, on m'avait appris à déceler au premier coup d'œil les particularités d'un corps et, à travers elles, certaines habitudes. Certains traits de personnalité. Une nuque, des genoux ou des pieds n'étaient jamais seulement une nuque, des genoux ou des pieds, mais étaient : un cou torve ou droit, détendu ou crispé, des genoux sortis ou rentrés, flexibles ou raides, des pieds terrestres ou aériens, aplatis ou courbés. À regarder n'importe quel corps immobile, on nous apprenait à décrypter des habitudes et des états.

En l'occurrence, les épaules de M. Ruben, avachies et rondes, quoique pas graisseuses pour autant, attestaient une tendance à la résignation, un goût certain pour la fatalité. Ça, son regard fermé et les quelques poils noirs qui dépassaient de son nez.

— Comme nous vous l'avons dit, m'exposait-il, votre père souffre d'insuffisance rénale terminale. C'est-à-dire que son unique rein est complètement dysfonctionnel aujourd'hui. Un calcul serait responsable de cette aggravation. Je l'ai déjà expliqué à votre père, mais on est ici dans le cadre d'une urgence vitale.

Il aurait suffi d'une petite paire de ciseaux et hop, c'en eût été fini de cette pilosité nasale affligeante.

— On l'a hospitalisé alors qu'il présentait un œdème aigu du poumon. Actuellement, nous l'avons placé sous dialyse, une sorte d'appareil d'épuration du sang. Il peut rester sous dialyse et vivra un peu moins de cinq ans ainsi.

Cet homme semblait avoir déjà vécu douze vies et avoir été fatigué dans chacune d'elles. Pourtant, quel âge avait-il ? Trente ans ? Allez, trente-cinq, à tout casser. Je le regardai avec un air de défi. J'avais froid et bien trop chaud dans cette salle. J'étais glacée, je suais.

— Ou bien ? Il y a une autre solution, n'est-ce pas ?

Alors l'homme, évitant mon regard, dit :

— Ou bien, oui, et en la circonstance nous n'y voyons pas de contre-indication, après des examens, nous pouvons procéder à une greffe de rein sur votre père. Assez rapidement.

— Vous possédez des reins à lui greffer ? Vous en avez en stock ?

Le médecin rit avec un léger dédain, et ses poils s'agitèrent comme s'ils avaient une vie propre – il fallait que je le lui dise.

— Nous ne possédons rien « en stock », non, et il n'est pas possible de procéder à une greffe hors de la sphère familiale dans votre cas, à cause de l'âge de votre père. Enfin, disons que ça risquerait de ne pas aboutir à temps. Mais une greffe interfamiliale est possible. C'est-à-dire que vous ou votre mère – votre père nous a indiqué n'avoir pas d'autre famille – pourriez procéder à un don d'organe, si vous le souhaitiez.

Si nous le souhaitions. D'accord. J'avais vraiment chaud. Des frissons. Je ne savais pas. Besoin de boire. Un don d'organe. Et si nous n'étions pas compatibles ? Avaient-ils pensé à ça, le médecin et ses poils ? Si nous n'étions pas compatibles pour la greffe, que se passerait-il ?

Je vis alors M. Ruben jeter un œil au robinet cassé – lui aussi devait avoir la gorge asséchée. Puis, comme s'il avait lu dans mes pensées et voulait en finir au plus vite, il se remit à parler.

— En l'absence de compatibilité, nous pourrions procéder à un don croisé.

— Je ne comprends pas.

— Oui, je vous explique (Et ici, c'est comme s'il avait chaussé des lunettes invisibles.), si vous souhaitez donner un rein non compatible avec le corps d'un receveur, si votre rein ne peut remplacer celui de votre père, et si, ailleurs en France, une autre personne est dans la même situation avec un autre receveur de sa famille avec qui vous serez cette fois compatible, nous pouvons procéder à un échange des reins. Vous bénéficiez à ce moment-là d'un anonymat complet, et les deux interventions chirurgicales seront simultanées. Ça sera comme si vous aviez donné votre rein à votre père. Personne ne saura qu'il y a une différence.

À sa manière de prononcer le mot « simultanées », j'éprouvai un léger vertige, comme s'il s'était agi d'une formule ésotérique et qu'il me proposât désormais, officiant dans la cité d'Émeraude et non dans un CHU de Vendée, de m'adonner à une sorte de magie noire. Qui était cet homme ? Pourquoi venait-il s'incruster dans ma relation avec mon père ?

— Avez-vous d'autres remarques ou questions ?

Il me regardait comme une bête sauvage, ou comme l'abrutie à laquelle je devais ressembler. Sans prévenir, je décidai que je le détestais.

— Aucune.

Alors il eut un mouvement, prêt à se remettre en route vers une autre chambre et d'autres détresses à préciser. Je l'arrêtai :

— Un dernier détail : je pense qu'il faudrait couper les poils de votre nez.

Il me sourit, grand prince affligé, et, comme d'une pièce de mauvais goût, il sortit.

8

Le rein, avec sa forme typique de haricot, sert à purifier le sang. Chez un adulte, il mesure environ douze
centimètres de largeur et trois d'épaisseur – comme un
harmonica –, et pèse environ cent soixante grammes.
À l'organisme, il permet de maintenir la quantité d'eau
qui lui est nécessaire et à produire des hormones,
des enzymes et des vitamines. Il régule également les
excès d'acides. Chaque jour, les reins filtrent environ
cent quatre-vingt-dix litres de sang, rejetant un litre
et demi à deux litres d'urine. Sans rein, le sang d'un
homme se trouble, s'obscurcit, s'empoisonne.

Sans rein, par conséquent, les liens du sang se
brouillent.

Pour conserver notre lien du sang, il fallait que
j'aide mon père à purifier le sien.

Que je lui lègue une partie de moi.

Que mon père m'avait-il légué ?

À faire un bilan de ma vie, comme ça, le soir même
dans la chambre vert pomme d'un hôtel Campanile,
je me posai la question. Matériellement, c'était net et
ce n'était rien. Aucune pension ou compte PEL, mon
père ne m'avait pas plus légué la sécurité de l'emploi

que le sens des affaires, il ne m'avait pas offert de chien, d'appartement, de voiture, de billets de train, ni de montre que son père aurait tenue de son père qui lui-même l'aurait reçue. Non, Gérard ne m'avait pas légué la douceur, pas légué la confiance ni même la foi.

Cependant j'héritais de lui les trois choses auxquelles je tenais le plus au monde. J'héritais de lui l'absence, la joie et la violence. J'héritais de lui l'idée qu'il n'est jamais bon de se sacrifier pour ceux qu'on aime, précisément parce qu'on les aime. J'héritais de lui l'idée que, comme Abraham part pour devenir lui-même, on peut avoir pour identité le fait de quitter son identité – fonder notre histoire sur quelqu'un qui a su partir et aller, à jamais, vers une terre où nous serons toujours exilé. Gérard m'avait légué : l'exil comme puissance.

Les yeux fixés au plafond cette nuit-là, je pensais distraitement à la plaque sur le parvis de la gare, celle de l'attentat, et songeais à la violence, omniprésente et pourtant absente de nos vies.

Une image me tenait captive, obstruait mon imagination.

Gérard, hurlant, son bras tendu, son poing serré, prêt à m'arranger le nez, ou prétendant du moins être en mesure de le faire, et moi, en face, incapable bien sûr de répondre à la violence par la violence, redoublant d'efforts pour imaginer des stratégies alternatives, repensant au jeu de la barbichette quand nous étions enfants, que dis-je, quand j'étais enfant, lui n'ayant jamais cessé de l'être – étais-je alors en mesure, pour faire ciller mon père, de l'attendrir, de l'amuser, de *faire diversion* ? Face à Gérard et à l'inquiétude magnétique qu'il représentait pour moi, je déployais à dix ans une énergie monstrueuse pour que l'intelligence l'emporte sur la force. Face à mon père, crier ou menacer n'étaient d'aucune utilité : il fallait fabriquer d'autres armes.

Les armes de la fiction, de la fantaisie, de l'humour – et pour que le corps fasse quelque chose de cette énergie à résister aux menaces, à résister aussi à l'envie de tout casser, de rendre œil pour œil dent pour dent, l'arme de la danse. La danse comme stratégie animale pour esquiver les corps prédateurs.

M'endormant alors, mes yeux retournés sous leurs paupières, je songeais qu'on ne répondait pas à la violence par la violence, ou plutôt qu'on ne répondait pas à la violence par la *même* violence, mais par une autre, oui, sans doute ; une violence masquée, plus sourde peut-être, non pas moins sournoise, mais pas moins active – non pas moins radicale. Oui, comme Virginia Woolf parlait de sa chambre, il fallait, quand on était confronté à plus puissant, à plus cruel, à plus bestial que soi-même, il fallait se trouver *une violence à soi*.

9

Un homme avance sur les coudes à travers de hautes herbes sèches. Sa démarche, gauche, prête d'abord au ridicule : il imite les mouvements d'un fauve avec une souplesse de croque-mort. Mais, bientôt, nous ne rions plus : face à lui un lion, indifférent et majestueux, majestueux parce que indifférent peut-être, intouchable, babines imposantes et regard torve.

L'homme qui avance sur les coudes s'appelle Mike. Il est corpulent, vêtu de blanc et d'une casquette crème. Il porte de longs cheveux noirs attachés en une queue-de-cheval basse. Dans sa main droite, il tient : un rouleau de papier toilette.

Nous mettons un moment à comprendre. Il s'agit de son arme. De sa seule arme face au fauve. Si le roi des animaux venait à l'attaquer, il jetterait le PQ à la gueule du lion pour faire diversion le temps de gagner sa voiture. Mike, nous apprend une voix off masculine et abyssale, est guide dans un parc national du Botswana. Ses collègues, continue la voix, séductrice, pensent qu'il ne fera pas de vieux os dans ce métier s'il persiste dans ce genre de défi. Une musique percussive commente alors les mouvements simultanés de l'homme et de l'animal, cette chorégraphie chaude – et à la grâce asymétrique – qu'ils improvisent au cœur de la canicule et du vent. À les voir, comme ça, se tourner autour, on éprouve une inquiétude et un frisson de plaisir. On aimerait qu'ils se rencontrent, qu'ils se mesurent l'un à l'autre : leur confrontation est grotesque ; elle n'en est pas moins magnétique. « En se mesurant ainsi au lion au péril de sa vie, commente alors la voix sombre, Mike renoue inconsciemment avec les rites initiatiques d'autrefois. De temps en temps, le fauve fouette l'air de sa queue, signe qu'il perçoit Mike comme un danger potentiel. » Et à l'écran le fauve commence en effet à s'agiter.

Il ouvre la bouche, montre les crocs, fait quelques pas, toise le rouleau de PQ du guide du parc, semble en être affligé. Dès lors, il se ravise, s'immobilise, entame un demi-tour.

Pas d'énergie à accorder à ce pauvre bougre aujourd'hui. « Aujourd'hui, Mike sort sain et sauf de sa confrontation, commente alors la voix, mais la prochaine fois ? », et après un temps de conclure, philosophe : « Lorsqu'il s'agit de se mesurer au roi des animaux, la fascination l'emporte sur la raison. »

Le programme télévisé se clôt sur cette phrase, et mon père tourne la tête vers moi, plus malicieux que la veille, plus présent aussi.

— Comment vas-tu aujourd'hui, moussaillon ?

Dans sa chambre blanche, je retrouvais Gérard devant un documentaire animalier : sur la 5 ou sur Discovery Channel, il profitait de l'hôpital pour s'adonner à une pornographie de la prédation. Sans doute, depuis son arrivée, avait-il déjà passé des heures à regarder *Quand les animaux attaquent*, cette émission de Fox News où l'on peut voir des humains attaqués par des ours blancs, des cobras engloutir des chatons. Gérard, je le connaissais, devait prendre un plaisir fou à assister à ces spectacles, ces versions inoffensives de la prédation. Frôler le cauchemar ; y survivre.

Perpétuer l'angoisse qui le maintenait vivant. Toutes ses lectures, ses films préférés, tous les sports qu'il regardait, les objets qu'il collectionnait, tous les discours, les cassettes, les articles et les images, tout, partout : la guerre. L'homme, loup pour l'homme. La guerre : idée déployée sans cesse, légitimée sans arrêt. Nous étions en guerre. Les uns avec les autres, les amis, la famille, le père et sa fille, tous, partout, en guerre. La réalité, c'est qu'il était effrayé par sa propre faiblesse, sa propre vulnérabilité. S'il cherchait ainsi la guerre partout, c'était d'éprouver combien sa faille était béante, irrécupérable, métaphysique. Une faille astrale, alors la guerre.

— Comment vas-tu aujourd'hui, moussaillon ?

Et pendant un quart d'heure, nous parlâmes de tout sauf de son état de santé. De politique. De mon métier qu'il ne comprendrait jamais, mais qu'il semblait confusément tenir en respect. De ses années passées sur l'île, où, à l'entendre, il n'avait jamais été aussi peinard. Dans l'air flottait un malaise et un ersatz de complicité venue de l'enfance, un radeau de tendresse sur un océan d'arrière-pensées. Nous essayâmes encore un peu, et puis nous cessâmes, pour plutôt nous concentrer sur les images qui défilaient à la télé. Un reportage sur les violences policières, aux images terrifiantes et picturales (derrière les silhouettes noires alignées, les fumigènes dessinant un dégradé de couleurs à la Turner), que commentait une voix, avec la scansion fabriquée de ces écoles de journalisme que Gérard aurait rêvé que j'intègre.

Nous n'y arrivions plus.

Dans cette chambre d'hôpital, malgré nos efforts réciproques pour nous relier, plus je regardais mon père, sa moustache et ses doigts tremblants, plus je sentais que c'était fini : je n'étais plus de son côté. Le talisman qu'avait toujours été Gérard à mes yeux s'était, pendant ses années d'absence, démagnétisé. Mon père ne me protégeait plus, ne m'impressionnait plus. Je ne lui en voulais pas ; je constatais seulement la fin du jeu qui nous avait reliés. Jouet cassé, billes ramollies, notre pacte invisible avait vieilli. À l'évidence, j'avais face à moi un vieil homme malade. Pas le directeur d'une DGSI minuscule, pas un méchant lâche ni un sorcier, non, juste un homme maladroit – touchant –, un homme incapable d'être père.

À la télévision, des images de l'interpellation violente d'un homme à Aulnay-sous-Bois succédaient à des vidéos d'archives où l'on voyait de jeunes visages, opposés à la loi «Travail», hurler en silence, ensanglantés, et les rigoles rouges coulaient sur leurs visages comme des peintures abstraites. Bientôt, sur l'écran, des manifestants défilaient sous nos yeux, tenant des pancartes «Nous ne fermerons plus les yeux», «Floutage de gueule», «Police floutée / Justice aveuglée», «Qui nous protège de la police ?». Le regard ailleurs, Gérard se taisait.

Qui nous protégerait de ceux censés nous protéger ? Qui nous protégerait jamais de nos pères ? Il avait tourné les yeux et je le regardais désormais comme un GI hypnotisé, sur le sable d'Omaha Beach, qui semblait esquiver, à chaque coup et comme par miracle, les balles du principe de réalité. Je regardais ce père qui m'avait échappé. Plus d'Amphitrite, plus de poissons-loups, plus de contes entre nous. Gérard scrutait le vide, de son regard de roi déchu, de son regard de général sans régiment – ce regard de Grand Vaincu.

Après quelques minutes de silence supplémentaires, je quittai la chambre sans l'embrasser. Me contentant d'un salut de la main tendre, un dernier mouvement doux.

Et, dans cette chambre, je ne revins plus jamais.

*

Dans combien de chambres entre-t-on dans une vie ?

Combien de personnes connaît-on jusque dans leur lit, dans leur plus secrète mémoire, depuis leurs pieds qui gèlent au fond d'une couverture, dans leurs maux de ventre et dans ce masque grotesque que dépose la douleur sur nos joues, combien de personnes connaît-on jusqu'à la moue qu'elles font au réveil et à la détente de leur visage sous la douche ? Combien de personnes fréquente-t-on jusqu'à voir le temps passer sur leurs traits, les étirer, les durcir, jusqu'à voir les déceptions créer des rides inédites à leur front, au coin de leurs yeux, les désirs fugaces éclairer leur regard ? Combien de personnes sait-on par le cœur, comme on se sait soi-même – ou mieux, sans doute, comme on ne sait que ceux qu'on aime ?

Ceux qui répondent un nombre à deux chiffres mentent. Ou bien ce sont des immortels. *Il faut du temps pour fabriquer des gens bizarres et pour que d'autres puissent les comprendre.*

Il avait fallu du temps pour fabriquer Gérard, son goût des contes et du risque, son cynisme inépuisable et ses regards à jamais enfantins. Il m'avait fallu du temps pour le comprendre et plus de temps encore pour espérer un jour pouvoir l'expliquer à d'autres. Mais, de même que je l'avais aimé instantanément, et ce pour la vie, je m'en détachai en une seconde. Le temps de refermer une porte sur une enfance qu'à tout jamais l'on quitte.

Il n'y aurait pas de greffe.

Pour ma défense (3/3)
(*Gérard par Gérard, notes pour autobiographie*)

Plus on vieillit, plus on se rapproche de sa mère.

Elle m'en a fait voir de belles, mais je ne lui en veux plus. Un mauvais héritage. Elle a fait comme elle a pu. N'a pas eu une vie facile. Digne-les-Bains, début du siècle. Je n'aurais pas fait mieux.

Est-ce que je l'aurais fait exprès ?
Question merdique. Je n'aurais jamais fait exprès un truc pareil.

Et pourtant (*notes rayées, et écriture manuscrite, illisible*), quelque chose en moi voulait détruire.

Je suis maudit ?

L'autre jour, je promenais mon chien du côté du pénitencier. Vent à t'arracher un bras. Ions négatifs. Je savais que, si je lâchais Rufus, il allait se perdre. Mais je l'ai fait : je l'ai lâché. Comme si une main avait pris la mienne. Je sais pas expliquer. Je sens la main qui prend la mienne.

Rufus a gambadé, pas habitué à être lâché. Pas moi qui agis. C'est quelque chose *(flèche et écriture manuscrite : quelqu'un ?)* en moi. Rufus se met à courir, il y a beaucoup de vent, je vois plus rien, il commence à se perdre. La route pas loin. Pourquoi tu fais ça, con (à moi-même) ? Comme s'il fallait que <u>je risque la mort du chien</u>. Pour me rappeler que je tenais à lui ou quoi. Une demi-heure d'effroi. J'étais comme un con avec ma laisse, à chercher partout. Le chien perdu comme le reste.

J'ai fini par le retrouver. Il bouffait des crevettes, il était tout content. Moi aussi.

Je saurais pas expliquer pourquoi j'ai fait ça. Mais c'est ce genre de moments qui me met le doute.

Est-ce que je l'aurais fait exprès ? Pour la liberté ?

(...)

IV. VERS LA VIOLENCE
(DIGNE-LES-BAINS, 2019)

« L'empire sur le monde ne nous a pas été donné ; nos ancêtres l'ont gagné dans leur longue et cauchemardesque lutte contre des créatures beaucoup plus fortes, plus rapides et mieux armées qu'eux, dans un temps où la terreur d'être enlevés et dévorés commençait dès la ligne d'ombre, juste au-delà de la chaleur du feu de camp. »

Barbara EHRENREICH, *Le Sacre de la guerre*

1

En sortie de scène, je ne sais jamais aussitôt si la représentation a été bonne ou non. D'abord je suis en sueur et sans recul, hagarde comme un footballeur : idiote. Quand on est sur scène ou dans la fosse, il y a une dose d'idiotie inévitable. On ne peut pas réfléchir en dansant. S'arracher les cheveux avant et après, oui, mais pendant, c'est comme le sexe, il faut s'abandonner et, durant une heure, n'être qu'un corps lâché parmi d'autres, une somme de gestes et de mots qui s'affolent ensemble. Un train dans la nuit, comme dirait l'autre. Le retour sur soi, le sarcasme et l'œil critique ne viendront qu'après, dans la voiture ou le wagon, une fois la console remballée et la salle quittée. Dans la fosse, sur la scène, on est là. Entièrement là avec d'autres, bêtement là ensemble. Et ce n'est peut-être pas grand-chose, mais c'est ça qui donne corps à tout : cette vie brutale, sauvage et idiote, cette vie du corps qui ne calcule ni ne pèse, mais, pour un temps, s'emballe et s'éprouve. Ces instants directs, «merveilleusement simples».

Ça m'avait manqué, la scène.

Ou, plus exactement, ce qui m'avait manqué, ce n'était pas tant la scène que la peau, les cheveux et les yeux des autres, les mains assourdissantes, les corps serrés, la sensation d'être profondément idiot avant que le rideau se lève, le bouchon de vodka, les rires toutes dents dehors, une main sur mon dos, les sauts de kangourou derrière le rideau, l'adrénaline du premier pas, la foule soudaine, les regards qui changent en cours de spectacle, la chute inédite, les sceptiques qui s'abandonnent, les méfiants qui lèvent leurs paumes, le vieil homme qui s'oublie et se met à danser, l'enfant qui hurle en plein silence, la larme qu'on refrène en mordant l'intérieur de sa bouche, les joues magenta, les *high fives* en régie, le repas affamé, le sommeil qu'on rejoint comme la mer, les bleus sur les genoux au réveil, la douleur à la nuque, aux bras, aux talons, la sensation d'être tout à fait là – maintenant –, reliés.

Tout à fait mortels, tout à fait vivants.

2

Après avoir pris la décision de garder mon rein, après avoir rendu mon père mortel par la même occasion, j'avais repris la tournée avec la Meute.

La compagnie marchait très bien, et nous en son sein. Cette forme de vie sociale était la seule que je pouvais supporter ; ni famille, ni communauté de valeurs, les danseurs de ma troupe et moi étions unis par le travail vers un horizon commun. La concurrence était absente, car chacun avait son rôle, devait donner le meilleur de lui-même pour qu'ensemble nous puissions atteindre des sommets. C'était un jeu à somme non nulle : le tout n'était pas égal à la somme des parties, mais chacune des parties permettait au tout de croître de manière exponentielle et presque magique. Tous les rapports entre humains devraient se fonder sur ce modèle-là, disais-je à Raphaël le soir, pas de liens du sang, aucune loyauté imposée, par de comptes à rendre, juste l'idée qu'en s'améliorant l'ensemble s'améliore, qui améliore l'individu en retour. Tu vois l'idée ? Il s'en fichait, je crois, tout plongé qu'il était dans des enjeux chirurgicaux, se passionnant pour la cruauté des pinces hémostatiques et pour l'apprentissage de la chirurgie en réalité virtuelle – « L'avenir, ce sont des pixels, Lou ! » –, mais il savait se réjouir pour les autres et montrait de l'enthousiasme pour la Meute, heureux que cette compagnie fonctionne et qu'elle me mette sur un qui-vive constant, ravi aussi de cet équilibre de couple que nous avions trouvé : une indépendance réciproque, un goût des gares. Une alliance fondée sur une liberté en actes.

Sur les réseaux sociaux, la Meute jouissait d'une tendance croissante : chaque jour, nos chorégraphies mêlant la férocité krump à la fluidité du modern' jazz nous faisaient récolter des k, des ronds bleus et des MP par dizaines, auxquels répondait même, désormais, un chargé de communication du nom d'Edward et qui n'avait, à ma connaissance du moins, jamais porté deux jours de suite la même casquette. Nos chorégraphies aux couleurs sanglantes et aux mouvements bruts passaient bien en *reels* et s'adaptaient monstrueusement au format *story*. L'ensemble se déclinait sans surprise sur TikTok et, sans avoir à forcer, nous avions réussi à fédérer une communauté pointue mais internationale, de sorte que nos smartphones ne cessaient plus de vibrer, que les propositions pleuvaient. Notre danse, sans doute, résonnait avec les sensations fortes et le mouvement permanent dont était assoiffée l'époque et à chaque vidéo postée, miracle renouvelé, nous amassions les *like* et les dates de tournée.

Nos vies étaient devenues des suites de trains, de gares, de tournages à l'iPhone en quatrième vitesse et de réunions de travail à la pertinence variable. Nous nous nourrissions d'applaudissements, de tags et de barres énergétiques. Nous nous blessions souvent et n'en parlions que peu. Nous vivions serrés les uns contre les autres, goûtions à toutes les boissons énergisantes, et au moindre nouveau sandwich en gare. Notre foyer semblait résider dans une valise ergonomique, format cabine. Nous vivions de sensualité, de technique et d'endurance dans l'effort. Nous n'étions pas heureux, nous étions intenses. Nous découvrions, sur nos visages, des cernes de plus en plus coriaces : notre peau violetait à vue d'œil, nos muscles et nos vêtements se froissaient, et rattraper le retard de notre sommeil devenait pareil à traquer son ombre en pleine nuit. Nous étions épuisés, mais ne nous plaignions pas. À rebours d'une tendance des artistes à prôner la *slow life*, nous vivions vite, savions pourquoi et, sans complexes, nous aimions ça. Aux premières rides sur mon front, je me sentis vivante comme jamais.

Je ne savais plus ce que Gérard devenait. Je lui avais écrit une lettre, pour expliquer mon refus de la greffe, mais n'avais rien osé poster. Et pour lui, dans la poche avant de ma valise Eastpak aux motifs militaires, gisait une enveloppe. Une enveloppe blanche, à côté d'une petite boîte rectangulaire, pareille à un cercueil, contenant un stylo. Outil avec lequel j'avais rédigé ma lettre, la première missive de ma vie à mon père. Sans doute l'unique. Mais comme la plupart des Français, pour songer à la famille, j'attendais Noël.

Noël était la période de l'année que je détestais le plus.

Raphaël non plus ne la portait pas dans son cœur et, compte tenu des relations que j'avais tissées avec sa famille, étant donné la détérioration de la mienne, nous avions décidé de passer le réveillon de Noël seuls, en tête à tête, n'importe où mais loin des villes et des impératifs sociaux qu'elles couvent. Le 25 décembre, d'accord, nous retrouverions nos mères respectives, mais le 24, pour une fois, n'appartiendrait qu'à nous. Raphaël avait pris des billets pour une destination qui m'était encore inconnue et le resterait jusqu'au jour du départ, il voulait me faire une surprise.

3

C'est ainsi que, l'après-midi du 23 décembre, nous nous étions de nouveau retrouvés à la gare Saint-Charles, qu'à force nous fréquentions comme une deuxième maison. Le train partait à 5 heures pour Aix-en-Provence, la région natale de Gérard, celle que je n'avais plus revue depuis l'enfance, celle où il avait passé la sienne. Mais, cela, c'était un hasard, ou plutôt, cela, c'était accessoire. Car ce qui menait profondément Raphaël à la porte du Sud, ce n'était ni la nostalgie ni l'enfance mais : la chirurgie vasculaire. La chirurgie vasculaire, dont il envisageait pour les années à venir de faire sa spécialité, la chirurgie vasculaire abordée en réalité virtuelle jusque-là et qui nous offrait un bon prétexte pour aller fêter le Christ du côté des forêts.

Après un trajet en train de région, agité par une discussion politique consensuelle entre Raphaël et nos voisins de cabine, nous étions arrivés à destination, accueillis dans un gîte par une femme sans âge comme on en trouve dans les petites villes vertes, celles qui portent en elles la trace d'un autre temps possible. Avec Marie, nous avions bu du vin blanc et longuement parlé des manifestations des agriculteurs dignois contre la présence du loup et des chiens patous. Ceux-là décimaient leurs élevages : le loup, en France, était en recrudescence constante, et les agriculteurs s'efforçaient, en vain, corde au cou, d'alerter la préfecture à propos de leur situation. Le vendredi précédent, ils avaient déposé mille deux cents bougies devant la préfecture, en mémoire de leurs brebis dévorées. Les loups étaient des meurtriers complexes, innocents et coupables à la fois, bien sûr – Marie, l'air désolé, remuait la tête de gauche à droite en parlant –, mais les moutons mouraient et il fallait en finir avec la prédation. Je ne dis pas qu'il faut les tuer, mais il faut protéger nos animaux. Nous avons une conscience et ne sommes pas condamnés à la loi du plus fort, vous voyez l'idée ? Raphaël et moi écoutions, oui, concernés par tout cela, quoique bien incapables d'avoir une opinion ferme sur le plan loup. Ce qui avait embarrassé la conversation de silences. Après quoi nous avions donc changé de sujet, évoqué le devenir de la librairie La Ruelle, puis écouté de la musique minimaliste sans plus rien dire. Bientôt, nous nous endormions du sommeil du juste.

À l'aube, le soleil avait rempli le ciel de couleurs chaudes et la brume avait recouvert l'horizon d'un tapis de fumée – une fumée pareille à celle, lourde et glacée, qu'il était si difficile d'obtenir sur scène quand nous dansions, et que le moindre de nos pas éparpillait dans les airs, une fumée basse et mystérieuse de spectacle intégral, qui dessinait un fondu naturel entre le vert et le gris du paysage et lui donnait ainsi un air de Castelobruxo inespéré, une aura sorcière à laquelle j'avais envie de me confronter au plus vite, m'efforçant pour cela de réveiller Raphaël, encore en communication avec les mondes intérieurs de son sommeil, mondes gluants et opaques qui, depuis que nous nous connaissions, m'avaient toujours tout à fait échappé.

En attendant qu'il se lève, je regardai mon portable. Sur Insta se tenait depuis le petit déjeuner une course infantile aux *punchlines* de Noël. Ici des coquilles d'œufs empilées de sorte à former un sexe érectile, là une photo de grand-mère sortant du four des biscuits en forme de croix gammées, là encore un homme sniffant de la neige comme s'il s'agissait de coke, en *story* des chats couverts de guirlandes s'enchaînaient avec des reparties à l'égard d'oncles boomers qui, faute d'avoir osé être prononcées à haute voix, devenaient des mèmes, enfermés dans la prison étroite d'une communauté *millennial*. Partout des blagues comme écrans de pudeur, pour ne pas avoir à regarder en face la tristesse des liens déliés, des non-dits familiaux et des névroses aggravées avec le temps. Ou bien l'inverse : des images de Noël favorisant un sentiment d'appartenance «presque érotique» où sapins habillés comme par Yves Saint Laurent et bougies de luxe aux senteurs boisées semblaient assurer que tout était en ordre, enfin, la maison se changeant en un lieu de nature parodiée, repoussant loin dehors un monde de plus en plus chaotique. Non, à mes yeux, seules les photos d'illuminations en extérieur, à la fois sans âge et dérisoires, gardaient un zeste de magie et échappaient à la tristesse des enthousiasmes fabriqués de toutes pièces.

Pour le reste, tout semblait moite, et il était déjà 10 heures.

— Il fait trop chaud sur ces réseaux, avait bientôt dit Raphaël, sorti du gouffre de sa nuit.

Et, emphatique comme il savait l'être, il ajouta :

— Tu veux qu'on rejoigne le grand froid, aujourd'hui ? Je te propose un Noël ancestral. Auprès d'un feu, un vrai.

D'une caresse à la verticale sur l'écran, il avait enclenché le mode avion, et dans la foulée nous avions sauté sur nos pieds. Après une douche et un repas en ville, nous irions marcher.

Ce serait notre réveillon : du feu dans les poches, sur le dos de quoi manger et, accrochées à notre sac à dos, deux gourdes – l'une pleine d'eau, l'autre de champagne. Nous qui avions la chance d'avoir des reins fonctionnels comptions bien en profiter. Un réveillon forestier, avec les animaux, les conifères et les fantômes – et savais-tu, me demanda Raphaël, que, lors d'un transfert de spectres fantômes hors d'un cimetière de Myanmar en 2006, il fallut littéralement les *pousser*, grâce à des exorcistes spécialistes en la matière, à l'intérieur d'un camion dont les conducteurs affirmèrent que, optiquement vide, il était pourtant en surpoids et d'une conduite très dangereuse ? Non, Raphaël, je l'ignorais ; as-tu encore beaucoup d'informations essentielles à m'apporter comme celle-ci, ou bien est-ce le moment de s'embrasser ?

Cet après-midi-là, nous nous étions enfoncés dans les terres du Sud. D'abord nous avions marché dans les villages, pris un café, échangé des banalités chaleureuses avec les habitants, puis nous avions quitté la ville et nous étions enfoncés dans le vert. Une heure, deux, la nuit tomberait vite et nous courrions pour lui échapper. La Bléone, ce serpent d'eau, avait commencé de glisser sous nos yeux et le fond sonore des moteurs de voiture, des bavardages et des téléphones, avait bientôt laissé place à un tapis de pas, de graviers écrasés et de bruissements de feuilles. Filet d'eau, imitant l'allure du paysage, notre parole s'était amenuisée pas à pas. Comme tout marcheur lambda, nous avions lu des articles sur Internet : nous savions combien le bruit était néfaste au monde tapi sous les feuillages et prenions garde à ne rien brusquer. Entre nous, nous n'échangions plus désormais qu'en langue ASMR.

Surtout, ne faire fuir aucun des animaux en présence.

Nous étions les étrangers par ici, et si nous espérions, pour les fêtes, apercevoir la moindre bête, il fallait se comporter avec une délicatesse de profane : respecter les coutumes locales, adopter le ton du coin, se faire tout petit et observer. Ainsi nous tenions-nous là, immobiles mais aux aguets, essayant comme nous le pouvions d'emprunter à la patience des panthères – silencieux. Mais cela, bien entendu, ne suffisait pas et, par-delà les sursauts de feuilles, les traces de pattes et les chants d'oiseaux, tout ce en quoi le silence se décomposait quand on y prêtait l'oreille, par-delà ces signes sonores minuscules, ce que devenaient les feuilles au contact du vent, par-delà tout ça, il n'y avait rien. Si bien que, vite, ce qui nous avait d'abord paru magique, hanté, commença à nous lasser. Même animé des meilleures intentions du monde, il arrive qu'en forêt, quand on n'est ni pisteur ni anthropologue, l'ennui affleure. Alors, avec un peu de rire dans la voix – «Je peux parler normal, tu crois ? J'en ai ras le cul, là» –, nous nous étions remis à parler à une hauteur plus audible et, comme on s'adonne à un jeu de libres associations d'idées, avions échangé tout ce qui nous passait par la tête, des connaissances étonnamment pointues sur les chenilles processionnaires aux souvenirs de promenades en forêt le dimanche, quand nous étions enfants, les mots étaient là, inutiles mais chauds, promesse chaque fois reconduite entre nous. L'amour, c'était ce dialogue ininterrompu, une conversation infinie pour laquelle nous aurions tout donné et qui n'intéressait jamais personne d'autre que nous.

L'après-midi passa comme ça, manière de vent, et alors que nous n'avions pas encore rebroussé chemin, la nuit commençait déjà à tomber. Sous nos yeux, le monde noircissait comme une fin de film. C'était notre premier Noël sans famille, à Raphaël et moi, début d'une longue série sans doute – les dés de nos vies étaient jetés et, voilà le jeu, nous étions là, à nous perdre en bavardages, dans une forêt froide que nous ne connaissions pas.

Dans les contes, c'est dans la forêt que l'on abandonne les enfants ; dans la forêt obscure. Mais cela n'exclut pas, en réalité, les supermarchés, les aires d'autoroute, les parvis d'église. La forêt obscure étant la cruauté. La forêt obscure étant l'incompréhension.

Le son propre à la forêt est un bruissement permanent : le monde vert remue, et la vie qui vous assiège de toutes parts. Vous devinez des animaux invisibles à l'œil nu, des espèces sur le qui-vive, prêtes à s'élancer, vous sentez les présences, un sanglier, des araignées, un cheval au loin, non, une jument, Pluie, peut-être même des spectres, cela bruisse tant, sous un tronc, deux branches forment un amas : de loin, on croirait voir les enfants de Gérard terrés dans le noir, prêts à venir jouer avec vous aux billes ou au loup-garou, et puis à côté vous vous représentez Amphitrite cachée derrière un tapis de fougère, un poisson noir agitant une flaque d'eau ; tout est gelé et tout est là, un monde dans le monde, le vôtre, un monde peuplé de créatures fantomatiques et animales, votre famille, votre vraie famille, les monstres et les fauves, vos frères et sœurs, les bizarres et les éclopés, vos cousins, cousines, votre famille en cette forêt labyrinthique, et, en ce labyrinthe où vous êtes enfin chez vous, vous croyez soudain voir surgir Ardent, il court à votre rencontre, il n'a pas changé, il n'a pas vieilli, votre chien, votre allié, tant d'années après, là-bas, ici – vous ouvrez grand les yeux.

— Au fait, la lettre à ton père ? demande soudain Raphaël.
— Je l'ai postée juste avant qu'on ne parte, il a dû la recevoir à l'heure qu'il est.

Et c'est à peu près à ce moment-là que, contre toute attente, nous l'avions vu.

Marseille, décembre 2019

Comme toi, je suis remplie de choses tues.
Mais si j'écris cette lettre, c'est pour briser le sor-
tilège; j'aimerais que tu comprennes pourquoi je
t'aime et, pour cela, que tu comprennes en quoi
je devine tout de toi. Y compris et surtout le pire.
C'est difficile de rédiger une lettre qu'on envisage
d'écrire depuis quinze ans. Je m'apprête à le faire en
te prévenant, et c'est par là que je voulais commen-
cer : je suis une femme décevante, tu l'es aussi, et
c'est depuis ce lieu sans élan que j'aimerais te par-
ler. Là où nous ne sommes plus que deux animaux
désarmés. Qu'une autre chose soit dite : au bout du
compte, je ne t'en veux plus. Je ne t'en veux même
pas de te cacher de peur que je t'en veuille. Je ne te
reproche pas ta cruauté. Je ne te reproche pas d'être
coupable. Je regrette seulement qu'avec ta fille, la
seule personne, peut-être, susceptible de te com-
prendre intimement, je regrette qu'avec moi tu aies

269

été si lâche. Je sais combien cette lâcheté doit être difficile à regarder en face.

Tu acceptes de passer pour un méchant romanesque ; pour quelqu'un de lâche, c'est difficile. Parce que cela met en évidence cette chose que tu as toujours cherché à cacher à tout le monde : ta faiblesse. Il y a des gens qui n'ont aucune timidité dans les yeux. Tes amis, ceux que j'ai rencontrés, sont comme ça. C'est une chose qui nous éloigne, toi et moi : ton admiration, ta déférence même, pour les forts. Admirer ceux qui passent en force et par la force me semble minable. Le Fayot, La Bouée, La Flemme, tous ces amis repus, à l'aise en toutes circonstances et dépourvus de la moindre modestie dans les yeux, me répugnaient, même enfant. Quelque chose n'allait pas chez ces hommes : quelque chose n'allait pas dans l'interprétation qu'ils faisaient de la virilité. Vous considériez comme virile l'attitude de tel type, qui avait donné un coup de poing à, je cite de mémoire, « cet enculé de La Poutre ». Vous vous félicitiez de ce coup de poing. Vous encouragiez tous les coups de poing du monde, vous trouviez ça viril.

Mais la virilité, papa, ce n'est pas taper sur la tête de l'autre. La virilité, même quand l'autre fait tout pour que vous cédiez à votre envie de vous jeter sur lui, c'est rester droit.

Je me souviens de ce que j'éprouvais, jadis, à force d'être traitée comme une enfant capricieuse ; le sentiment d'impuissance et d'injustice fondamentales qui m'habitait. Je te voyais mentir, et Annie essayer de me protéger en te protégeant, je vous voyais tricher. Je décelais ta mauvaise foi. Celle qui, chez toi, m'aura rendue le plus malade. Mon corps a pris pour tout ce qui n'a jamais été bien formulé. J'ai été malade de ton refus de t'expliquer, de t'excuser. Malade de ton refus du langage et des deuils que tu as refusé de faire.

Toi qui sais pourtant si bien raconter les histoires.

On sous-estime la vitesse à laquelle les enfants comprennent : tôt, j'avais commencé un carnet « Erreurs à ne pas reproduire avec mes propres enfants »; j'y listais tes mensonges. Maintenant que je suis certaine de n'avoir pas d'enfant, je mesure l'ironie du projet. Ta mauvaise foi a brisé mes élans. Combien de fois ai-je mordu un oreiller pour m'empêcher de hurler ? Être traitée comme ça n'est pas normal. Tu n'étais pas ordinaire.

Non, j'étais extraordinaire, m'aurais-tu ici répondu. Et bien sûr, j'aurais souri.

Autant que de l'amour, j'ai éprouvé du dégoût à ton égard. Et tout ce sport que j'ai pratiqué dans ma vie, c'est à la fois pour te ressembler et pour que ce ne soit jamais le cas. J'ai éprouvé de la répulsion pour ta nudité et l'odeur qui émanait des toilettes le matin – comment une telle odeur pouvait-elle sortir d'un seul homme ? Mais tu t'accommodais de cette puanteur, tu la trouvais sympathique. Comment pouvais-tu être fier de toutes les sécrétions émanant de ton corps ? De ta

salive, de ta sueur, de ton sang ? Quels drames faut-il
avoir traversés pour tirer orgueil de cela ?

Il y a des moments où tu ne t'appartenais plus : la
fureur te manipulait comme un pantin, des moments
où tu n'étais plus qu'une boule de rage. Combien
de fois m'as-tu pris l'avant-bras pour le tordre en
des sens contraires – la main droite tournait la peau
vers la droite, la main gauche à gauche –, comme ça,
pour rien, pour me faire taire ? Pour assouvir ta soif
d'autorité ? Tu m'en voulais d'avoir recraché mon
noyau dans le bol de litchis au lieu de le faire dans le
bol vide destiné aux noyaux, tu hurlais contre mon
étourderie, contre mon inconséquence. Était-ce une
raison pour me tordre le bras ainsi, pour me laisser en
pleurs, la peau rouge, la poitrine serrée ? Je sais bien
que ta fureur te dépassait, je sais que tu ne voulais
pas me faire de mal. Je sais aussi que dans un coin de
toi-même tu regrettes ces moments où tu ne t'appartenais plus. Je sais tout ça.

Mais toi, sais-tu que je le sais ?
Sais-tu mon empathie ? Et devines-tu ma peine quand
vient la nuit ?

Les chevaux, à quoi rêvent-ils, la nuit ? À quoi
rêvaient les chevaux, quand tu étais enfant ? Leurs
rêves ont-ils changé ? Chaque mercredi, tu dois t'en
souvenir, toi et moi on allait à la boucherie chevaline
acheter de la viande de cheval. J'adorais monter dans
la voiture pour cette promesse-là. La viande fraîche,
les pâtes qui l'accompagnaient et dont tu me faisais

toujours goûter la première pour savoir si l'ensemble était cuit. J'adorais cet exact moment là. Annie ne voulait jamais manger avec nous : la viande de cheval la dégoûtait, comme elle répugnait d'ailleurs mes amies du primaire. Il faut dire que Sidonie possédait une trousse atroce, avec des imprimés chevaux, et que Jade pratiquait l'équitation le week-end. Il n'était pas question de dévorer leur «meilleur ami». Avec un dédain que je ne comprenais pas, quand on évoquait le cheval comme plat, elles répétaient le mot «beurk», se bouchant les oreilles.

Au début, j'étais fière de les voir choquées. Tu m'avais appris la fierté. Tu m'avais appris à railler la fragilité, à me moquer de qui s'indigne et songe au bien-être animal, cultive des sentiments pour le bœuf, le veau ou le cheval. Sois au-dessus de ça, me disais-tu, sois un homme. Alors je t'imitais et me moquais. Je le faisais avec plaisir. Les moments qu'on passait ensemble le mercredi à préparer la viande, la manière dont tu me parlais du cheval – potion magique pour les vrais hommes –, tout ça était un méchant conte de fées, dans lequel j'adorais plonger.

De la traversée de la ville pour rejoindre la boucherie chevaline à la cuisson du repas dans la poêle, tu rendais tout fantastique. À la manière d'un conteur, tu embellissais notre passage devant les poubelles en me parlant des artisans de la crasse qui, dans l'ombre des containers, transformaient les restes d'aliments en poussière d'or et tu rendais intéressant le retour sur les routes, évoquant les esprits invisibles tapis dans la forêt sur notre droite, les mêmes esprits que dans le jardin, précisais-tu ; à t'entendre, il y avait de

*la vie partout, qui pullulait de toutes parts. Avec toi,
même le nettoyage du véhicule devenait une épopée
de Gilgamesh. Tu possédais tout un éventail de voix,
des personnages imaginaires que tu activais à mesure
des situations. Ainsi d'Anne Franche, ou de Zos, vendeur de chevaux, donc, qui nous expliquait pourquoi
cette viande guérirait tous nos maux, nous redonne-
rait fertilité, ramènerait l'amour. J'avais envie qu'on
me ramène l'amour. Je croyais à tes histoires. Alors
je mangeais la viande avec la même voracité que toi.*

*Et puis il y a eu une récréation, où Jade m'a raconté
autre chose. Elle m'a annoncé, à son habitude solennelle, que les chevaux pouvaient dormir debout.
Qu'ils pouvaient dormir debout et qu'ils rêvaient. À
quoi, on se demande bien. L'information m'a trou-
blée. J'avais quatorze ans et cette donnée n'entrait
pas dans la manière dont je m'étais toujours représenté les chevaux, quand je les mangeais avec toi. Ça
ne collait pas à l'épopée de la boucherie chevaline. Ça
ne collait pas avec Zos, vendeur de chevaux. Une bête
qui pouvait rêver, a fortiori debout, n'était pas une
bête qu'on devait manger.*

*À quoi pouvait bien ressembler un cheval qui rêve ?
Je réalisais n'avoir jamais fait de cheval. J'en avais
vu, mais n'en avais jamais touché que des images.
Des dessins, des films. Dans ma vie, les chevaux
n'étaient ni un compagnon de travail ni un compagnon de loisirs. Du cheval, je ne connaissais que le
goût. Alors j'ai demandé à Jade si je pouvais l'accom-
pagner à l'équitation, lorsqu'elle y retournerait. Juste*

par curiosité, pour voir. Pour rencontrer l'animal qui savait dormir debout.

A-t-elle trouvé ça bizarre ? En tout cas, elle en a parlé à sa mère, sa mère à la mienne, et ma mère m'a suggéré ce que j'avais moi-même initié. Bientôt, j'irais rencontrer un cheval. Je n'ai plus à l'esprit ni le lieu ni l'heure, mais je garde Caramel, l'instant où je suis montée sur lui pour la première fois de ma vie. Ce n'était pas facile de se hisser, même avec l'aide d'un moniteur ; je ne suis pas partie au galop séance tenante. Tout a été doux, une courte promenade au ralenti. Mais cela a suffi : j'ai senti ses muscles dorsaux sous mes cuisses, touché aux nuances de noir, j'ai essayé de comprendre le mouvement complexe de ses jambes, j'ai caressé son museau.

J'ai regardé Caramel dans les yeux. J'ai cru y voir une tristesse familière. Ai-je trop interprété ? Le mal était fait. J'avais maintenant de l'empathie pour les chevaux. Et pendant des semaines, après, j'ai été obsédée par l'animal. Fascinée par les vidéos de galop, où sa queue reste à l'horizontale, où ses jambes rapides ont l'air de pattes d'araignée. Fascinée par les coloris de sa robe, ses cheveux qui volent au vent. Fascinée par des chevaux tachetés qui ont l'air de vaches ou de léopards, les blonds qui font penser à des actrices. Fascinée par leur noblesse, cette manière d'être lourd et léger. C'était un monde nouveau, et j'y pensais sans cesse. J'en étais presque à mater, en cours, la trousse kitsch de Sidonie. C'est dire. Et puis après ?

Un mercredi, alors que tu me disais en route mauvaise troupe, pour aller à la boucherie chevaline, j'ai dû te dire non. Non, je n'ai pas envie. Ou bien m'étais-je arrangée pour avoir autre chose à faire ? Pour ne plus être disponible pour ça ? Je ne sais plus. Je sais juste qu'à un moment j'ai compris que manger de la viande de cheval ne me ramènerait plus l'amour. Le mercredi, nous avons cessé nos virées.

Depuis j'ai grandi et, ironiquement, je suis devenue végétarienne. Ceux qui raillent le végétarisme aujourd'hui, naturellement, m'agacent. J'y vois une facilité, une manière de se protéger en portant les coups le premier. Mais je ne peux, pour autant, oublier qu'un jour je les ai compris. Que tu fais partie de ces gens, et qu'à jamais je te comprends.

C'est une certaine manière de se raconter les histoires, qui nous fait manger du cheval.

Je ne crois plus à cette histoire : je l'ai troquée contre une autre. La magie des chevaux ne réside pas dans leur viande, mais dans leurs mouvements. Dans leur crinière et dans leurs muscles. Dans la manière qu'ils ont d'être libres quand ils courent. De nous donner l'idée d'une liberté supérieure à la nôtre. Et tu aurais pu, aussi, me raconter ça. M'expliquer que les chevaux sont plus beaux quand ils sont libres. Mais le savais-tu seulement ? Et voulais-tu seulement le savoir ? Tu me disais : nous sommes en haut de la chaîne, nous pouvons tout manger, sauf les loups. Les loups mangent les chevaux. Les loups sont nos rivaux. Seuls les loups attaquent comme nous savons attaquer. Retiens bien ça, moussaillon : seuls les loups. Et je te suspecte, mangeant avec passion le cheval comme tu le faisais, d'avoir éprouvé, par-delà le plaisir, une faim de loup, la gloire d'être en haut des chaînes, alimentaire et sociale. Une gloire si dérisoire, si vaine cette gloire.

J'éprouve un peu de chagrin quand je me dis ça. Pas trop non plus. Parce que j'ai aussi, surtout, la joie du souvenir des histoires que tu me racontais, quand j'étais enfant, le mercredi après-midi. Et je crois désormais que ce n'est pas tant, ces jours-là, manger de la viande de cheval qui nous importait que de créer les conditions idéales pour prendre le temps de se raconter, encore et encore, des histoires. Toutes sortes d'histoires. Quelles histoires racontes-tu désormais, et à qui ? Et par hasard le sais-tu, aujourd'hui, à quoi rêvent les chevaux la nuit ?

*

Ta fantaisie morbide me manque. Ton humour me manque. Ta puissance et ton je-m'en-foutisme me manquent. Nos rêveries communes me manquent. Une part de moi t'appartiendra toujours.

Sais-tu que c'est cela, mon drame ? Ne pas parvenir à t'en vouloir. Te comprendre trop bien pour éprouver de la colère. Si bien que cette ardeur noire, cet élan rentré se sont longtemps retournés contre moi-même : je me suis longtemps fait du mal pour ne pas t'en faire.

C'est fini.

Sache que je ferai toujours partie de notre DGSI minuscule mais que, par cette lettre, j'en démissionne à jamais. Je garderai mon rein et ce sens de la cruauté que tu m'as si bien inculqué. Nous portons en nous cette brèche : la cruauté nous appartient. De toi, je tiens le sens du désastre et du mal. De toi, la joie. Cette joie immense et invincible : à toutes épreuves, notre joie – et c'est avec cette joie au cœur que, contre toute attente, de toi je me garde.

Un soir de colère injustifiée à mon égard, tu m'avais dit de ne pas venir à ton enterrement, tu ne voulais pas m'y voir. Et quand je pense à la mort qui viendra un jour te chercher, c'est à cela que tristement je songe. À la violence inouïe que c'est de dire ça à un enfant qui vous aime, qui vous écoute, qui attend tout de vous. J'attendais tout de toi. Je t'aurais suivi n'importe où. Et j'irai à ton enterrement, papa. Mais je ne viendrai pas parler à ton chevet une dernière fois. Je ne veux plus te revoir vivant, jamais – et jusqu'à la fin, pourtant, je te vois.

« Tu crois que personne ne te voit, comme si les projecteurs braqués sur toi étaient éteints. Et tu n'as pas tort : les projecteurs sont éteints pour nous tous. Nous tâtonnons tous dans un brouillard aveugle. Jusqu'à ce que quelqu'un se tourne vers nous et, par la grâce de son regard, nous inonde de lumière. »

Lou.

Quand nous l'avons vu, il passait dans un dernier rayon de soleil, de profil et majestueux ; ses yeux comme deux fentes filtrant la lumière, ses pattes blanches et droites comme des branches d'arbre, fières – oh si fières, ses pattes ; tout chez lui, son poil luisant, ses oreilles en triangle et sa gueule avancée, transpirait l'orgueil, un orgueil monstre, une souveraineté qu'on ne trouve que chez les animaux sauvages, une indépendance sublime et glaçante, comme l'est celle des astres, celle de la lune qui n'aura jamais besoin de notre regard pour briller ; oui, quand nous l'avons aperçu, il était pris dans un rayon, sauvage ou errant, animal sans meute, sans doute rejeté par elle, pour avoir mal accompagné un louveteau, pour avoir blessé un enfant, qui sait, nous n'avons pas su en le voyant, mais dans cette nuit noire où les constructions des hommes sont immobiles, où les arbres sont les seuls encore à vibrer, nous l'avons vu solitaire à jamais, banni mais rayonnant d'une vitalité isolée et cruelle ; quand nous l'avons vu, l'animal était là, irradiant depuis un monde hors du monde, un monde à jamais inaccessible pour nous, un univers sauvage, de violences sourdes et de deuils tus ; quand nous l'avons vu, il était là, immense et dérisoire, par sa seule présence faisant signe vers une immensité autrement plus impitoyable que celle que nous connaissons, un monde nouveau et ancestral, loin de notre civilisation, si proche pourtant, il suffirait d'écouter, encore et mieux ; quand nous avons aperçu le loup, c'est tout ça que nous avons senti, le mépris et la tendresse, la souveraineté et le désir, le désastre et la foi, nous avons tout éprouvé, le début et la fin des choses, l'univers qui se retourne sans prévenir, l'origine vers laquelle, tous, nous nous dirigeons ; quand nous l'avons vu, nous avons tous tremblé.

La seconde d'après, il avait disparu.

REMERCIEMENTS

À Stéphanie, sans qui ce livre serait autre.
À Jean-François et Lise, pour leurs lectures sensibles.
À Carol, Victor, Albane, Arthur N et Mathilde, amis généreux donc critiques. À Arthur T, attentif au feu.
À Pierre, qui sait.

À Fishbach, Tiphaine Monange, Blake Buttler, Jean Giono, Elsa Dorlin, Richard Ford, Baptiste Morizot, Jean-Maurice Colombel, Chloé Zhao, Jesse Armstrong, Nastassja Martin, René Girard, Jack London – à qui j'ai emprunté.

Je dédie ce livre à la mémoire de Molly Brodak (1980-2020), à qui je dois les dernières phrases de la lettre au père.

BLANDINE RINKEL

au Livre de Poche

Le Livre de Poche s'engage pour
l'environnement en réduisant
l'empreinte carbone de ses livres.
Celle de cet exemplaire est de :
150 g éq. CO_2
Rendez-vous sur
www.livredepoche-durable.fr

PAPIER À BASE DE
FIBRES CERTIFIÉES

Composition réalisée par Lumina Datamatics, Inc.

Achevé d'imprimer en France par
CPI BRODARD & TAUPIN (72200 La Flèche)
en janvier 2024
N° d'impression : 3055289
Dépôt légal 1re publication : février 2024
LIBRAIRIE GÉNÉRALE FRANÇAISE
21, rue du Montparnasse – 75298 Paris Cedex 06